낙태죄 폐지를 위한 연대의 이야기 **선택**

낙태죄 폐지를 위한 연대의 이야기

선택

데지레 프라피에, 알랭 프라피에 글·그림
이세진 옮김·나영 해제

위즈덤하우스

아델, 알리스, 앙브르, 아누크, 아스트리드, 엘랭, 셀레스틴, 클레르, 엘사, 엘리즈, 에스테르아다, 에즈라, 엘렌, 잔, 쥘리, 쥘리에트, 로라, 레아, 리아나, 릴리, 루, 루이즈, 마들렌, 마에바, 마리아, 마리안, 마를로, 마틸드, 모드, 멜리, 밀라, 나벨, 니나, 노라, 모르간, 누샤, 사라, 셀마, 소니아, 스테파니, 실비안, 탈룰라, 젤다에게.

어릴 적, 나는
다른 곳으로 떠날 때마다
참 고역스러웠다.

도떼기시장 같은 출발장...

스피커에서 흘러나오는 알아들을 수 없는 소음...

차창 밖으로 부모님 모습이
미끄러지듯 멀어지다가
사라져버릴 때면
내가 아니라 그들이
움직이는 것 같았다.
나 홀로 덩그러니
머리 위 짐칸의 트렁크와
남았다.

나는 '다인(多人) 가족' 승차 카드로 열차를 탔지만...

...늘 혼자였다.

나는 전학을 많이 다녔고...

...함께 사는 식구도 자주 바뀌었다.

1970년은 운이 좋은 해였다. 비아리츠라네그레스 역에 나를 마중 나온 사람은 외할머니였다.

할머니가 나와 살겠다고 했기 때문이다.

나는 5학년*이 되었고, 도시의 삶을 발견했다. 공책 여백에 B라고 적었다. 좋음(bien)의 B, 행복(bonheur)의 B.

* 당시의 프랑스 학제로는 현재 우리나라의 중학교 1~2학년에 해당한다 — 옮긴이.

비아리츠 행복 백화점

여기서 행복은 짧은 바지를 입고 컬러 스타킹과 부츠를 신는다.

행복은 다리가 길고 갈매기 울음소리를 낸다.

거리를 누비고 다니는 행복이 나를 스치고 가는 긴 코트 자락들에 떠 있다.

이곳에서 행복은
가을 냄새가 난다.
대나무 정원,
수국이 핀 산울타리,
비를 맞아 무거워진
플라타너스 잎 냄새가...

행복이 자전거를 타고 달리는 동안, 나는 행복의 등에 꼭 매달렸다.

행복은 크라페트* 놀이를
하고, 미제 담배를
피우며, 「대박상금
퀴즈쇼」를 애청하고,
목욕하고 남은 비눗물을
발코니에서부터
꽃들에게 뿌려준다...

* 카드놀이의 한 종류—옮긴이.

행복은 카지노에서 미라마르 해변까지 이어지는 산책로를 따라 축축한 모래를 발바닥으로 느끼면서 걷는다.

행복은 바스크 과자와 도댕* 아이스크림을 좋아한다.

* 비아리츠의 유명한 아이스크림 가게―옮긴이.

행복은 육수를 넣고 자작하게 조린 생선, 수제 프로마주블랑, 갓 구운 바게트에 곁들인 버터와 스페인산 멜론 잼을 먹고 산다.

숙제를 하는 동안 행복은 내 어깨에 기댄다. 우리는 작은 거실에 마주 앉아 저녁을 나눠 먹고 손잡이를 잡아당겨 덧창을 모두 내린 후 밤을 맞이한다.

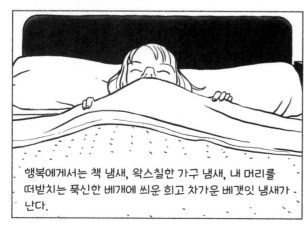

행복에게서는 책 냄새, 왁스칠한 가구 냄새, 내 머리를 떠받치는 푹신한 베개에 씌운 희고 차가운 베갯잇 냄새가 난다.

이불과 요를 벗어나면 행복은 없다. 마음을 달래주는 말들에서 벗어나면 행복은 없다.

함께 산 지
석 달 됐을 무렵,
행복은 왼쪽 다리에
무시무시한 통증을
느꼈다.

의사는
발드그라스라는
파리의 큰 병원에
가보라고 했다.

우리는 보르도 역에서 헤어졌다.
행복은 열차 객실 차창에서 나에게 손을 흔들어 보였다. 나도 '내일 또
봐요!'라고 말하듯 손을 흔들었다. 내일이 오고, 내일의 내일이 오고, 내일의
내일의 내일까지 왔지만...

작별 인사를 잊은 채,
그냥 또 보자고 손을 흔드는 행복은
참 작았다.

1971년 3월 10일, 행복의
장례식을 치르는 동안
사촌들은 우리를 극장에
데려가 「2001 스페이스
오디세이」를 보여주었다. 그
영화에 대한 기억은 거의 남지
않았다. 그저 무중력 상태만,
나의 우주선을 통제할 수 없게
되어버린 것 같은 절망감만
어렴풋이 느꼈다.

9월에 나는 다시 열차를 탔다.

부모님은 나를 맡길 곳을 새로 찾아냈다. 가족과 따로 사는 내가 어디선가에서 떨어져 나온 파편 같다고 느꼈다. 어쩌다 가족을 다시 만나도 내가 없는 동안 원래 내 자리가 이미 채워진 것 같아 돌아가려야 돌아갈 수 없었다.

새로운 위탁가정은 우리 집만큼이나 콩가루였다. 부모와 아들 하나에 딸 셋...

여비서와 가정부도 함께 살았다.

그들도 내 가족이 될 수 없기는 마찬가지였다.

새로 살게 된 곳은 온천, 오색 사탕, 동계 스포츠로 유명한 도시였고... 내가 살게 된 집 가장은 부러진 다리를 잘 고치기로 소문난 의사라고 했다.

9월 15일, 나는 긴 양말을 고이 싸 온 트렁크를
아르줄레스가조스트 요양기숙학교에서 풀었다.

"요양기숙학교 생활 수칙. 10시간 수면. 2시간
공동 식사. 1시간 개인 활동(기상, 세면 포함).
결함 있는 신체를 이완시키고 기력을 끌어
올리기 위해 휴식 시간의 비중을 높인다."

원래 그 기숙학교는 그
지역 여학생과 천식 환자만
들어갈 수 있었다.

나는 어찌된 일인지 특별
입소를 허락받았다.

재학생 언니들은 '결함 있는 신체'라는 말을 농담거리 삼아 킬킬댔다.
언니들은 교내 정원에서 담배 연기 들이마시는 법을 가르쳐줬다.
나는 숨이 막혔지만 입담배를 피우기는 싫었다.

천식 환자가 어떤 건지 바로 실감할 수 있었다.

공동 침실로 돌아가기 전에 저녁마다 정원에서
담배를 피우며 학교에서 있었던 일, 부모님 이야기
따위를 나누었다.

엘렌은 결국
돌아오지 못했네.

바베트가 소식
들었대. 검정고시로
대학입학자격시험을
치렀다나 봐.

작년에 어떤
고등학교 졸업반
남자애 아이를
가졌거든.

부모님이 알까 봐
초주검이 됐지,
아마?

애를 떼어준다는 사람
연락처를 구했대.

고등부는 외출허가증을
받아서 나갈 수 있거든.
그래서 토요일에 나갔어.

하지만 그날 저녁이
다 가도록 엘렌은
돌아오지 않았어.

며칠 뒤에 엘렌 부모님이
딸 소지품을 가지러
왔더라. 눈물을 철철
흘리더라고.

죽은 거야?

아니, 그럼지만 진짜
죽을 뻔했는걸! 어떤 호텔에서
욕조에 피투성이가 되어 누워
있는 걸 사감선생님이
겨우 찾아냈대.

나는 그렇게 별이 많은 밤하늘은
본 적이 없었다.

나는 토요일마다
오색 사탕의 도시로
돌아왔다.

조제트가
집안일에 지친
다리를 쉬면서
외출 준비를
하는 동안, 나는
그녀의 얼굴에
화장을 해주곤
했다.

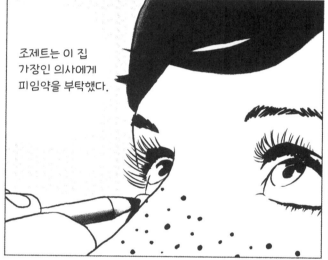

조제트는 이 집
가장인 의사에게
피임약을 부탁했다.

의사는 조제트가
미성년자라는
이유로
그 부탁을
거절했을 뿐
아니라
꾸지람까지
했다. *

* 당시에는 만 21세부터 성년으로 인정받았는데 조제트는 만 19세였다.

다행히 스키장에서 골절상이 자주 일어나,
그 도시에는 오색 사탕만큼이나 의사가
많았다.

조제트는 다른 의사한테서
피임약을 구했다.

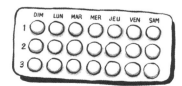

게다가 집주인 양반이
자기에게 꾸지람할 입장이
못 된다는 사실도 알아냈다!

조제트는 집주인 의사와
그의 아내가 의대에서 만난
사이라고 했다.

하지만 여자는 임신을 하는
바람에 학업을 중단했다.

의사는 결혼으로 책임을 지기로
했지만 이런저런 조건을 내걸었다.

그는 비서인 에블린과 깊은 관계였고
헤어질 생각도 없었다.

그래서 에블린이 바로
아래층에 사는 거야.
주인어른이 에블린 집에
들어가는 소리를 한두 번
들은 줄 알아?

아내는 아침마다 남편에게
얼른 올라오라고 부르지.
그래야 애들이 학교 가기 전에
아빠 얼굴이라도 볼 거 아냐.

그다음 학기에 의사는 처자식과 여비서를
다 버리고 전혀 다른 여자와 살겠다고 집을
나갔다.

나는 담배 연기를 꽤 잘 들이마실 수 있게 됐지만 학교에서 유급을 했다.

부모님은 나를 집어넣을 새 기숙학교도, 새 위탁가정도 못 찾았던 모양이다.

빈터에 덩그러니 서 있는 건물의 한 집에서 나는 다시 내 가족과 살게 됐다.

나는 만 13세였다.

의무교육은 만 16세까지다.

매일 아침 9시부터 10시까지 나는 라디오 교육방송을 들었다.

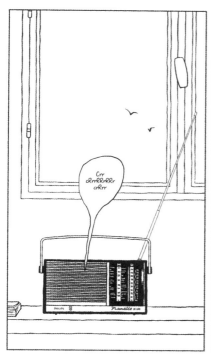

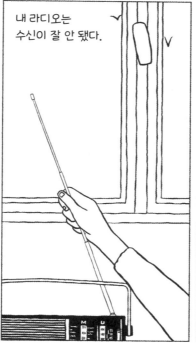

내 라디오는
수신이 잘 안 됐다.

I think
Repeat after
me !

* 나는 생각한다.

I sink **

내가 한 해 전에 배운 것은
쓸모가 없었다.

행복이 죽고 난 후 아버지는
새 직장 근처인 이 집을
샀고, 어머니는 공부를 다시
시작했으며, 여동생은 숲속에
있는 학교에 다녔다. 언니와
오빠는 기숙학교에서 생활했다.
우리는 주말마다 '우리'
집이라고 부르는 또 다른 집에서
만났다.

우리는 아주 오래전부터 따로
삶을 꾸려왔기에 만나도 서로
할 말이 없었다.

우리 언니도 행복의 등에
찰싹 붙어 비아리츠 거리를
돌아다녔더라면 무척 좋아했을
것이다.

** 나는 가라앉는다.

사람들이 물어보면 나는
'학교에 안 다녀요' 대신에
"저는 발레를 해요"라고
대답해야만 했다.

나는 일주일에 4회 강습을
받았다. 수요일에 2회 있는
아동 초급반에서는 가장
나이 많은 학생이었고,
화요일과 목요일 아침에도
1회씩 강습받았는데 목요일
성인반에서는 가장 어린
학생이었다.

모두들 나에게 학교에
가지 않아도 되니 참
좋겠다고 했다.

그러면 나는 뭐라고
대답해야 할지 몰랐다.

나머지 시간에는 늘 혼자서
책을 읽었다.

조르주 상드, 발자크, 졸라...

내가 제일 좋아한 작가는
모파상이다. 그가 들려주는
인생 이야기에는 왠지 내
인생도 생각해보게 하는
뭔가가 있었다.

어느 날 아침,
아르쥘레스가조스트
기숙학교에서 친하게
지냈던 친구에게서
엽서를 받았다.

새빨간 엽서에 투명 비닐로
싼 하얀색 알약 하나가 붙어
있었다.

들리는 말로는, 이게
교황이 유일하게 허락한
피임약이래! 이 약을
무릎 사이에 끼우고 세게
눌러보렴.

나는 그게 무슨 말인지도
몰랐다.

그런데 아버지는
알았나 보다.

화가 머리끝까지
나 있었다.

너가 보고 싶어.
널 영원히 잊지
않을게.
실비가. 🌸

원래 걸핏하면
화를 내는
사람이었지만...

...그게 다 나
때문이었다.

1년이 지나고 2년이 지났다.
나의 발레 실력은 조금도 늘지 않았다.
나는 졸라의 세계관에 경도되었고 자포자기에 맛을 들였다.

마침내 새로 들어갈 학교와...
새로 갈 집이 정해졌다.

나는 보르도 시내 한복판에
있는 사립고등학교에
들어갔다. 학교는 아버지가
일하는 사무실에서
세 블록밖에 떨어져 있지
않았다.

아버지는 가끔 오토바이를 타고 지나가다가
우연히 나를 보면 손을 번쩍 들어 보이고
그냥 갔다.

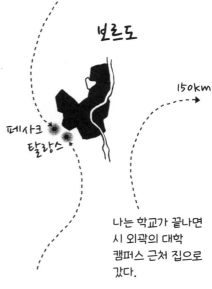

빈터의 건물 집에는 어머니,
여동생, 대학에서 돌아온
오빠가 함께 살았다.

보르도

150km

페사크
탈랑스

나는 학교가 끝나면
시 외곽의 대학
캠퍼스 근처 집으로
갔다.

언니는 여전히 '우리 집'
근처에서 기숙사 생활을 하고
있었다.

나는 교실에 장시간 앉아 있어야 하는
학교생활에 감을 잃은 지 오래였다.

그사이 가슴이 커져서 글씨를 쓰려고
몸을 숙이면 책상 끝에 닿았다.
기분이 이상했다.

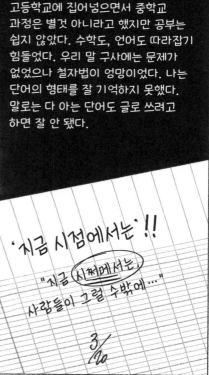

어머니는 학교를 2년 쉰 나를 곧바로
고등학교에 집어넣으면서 중학교
과정은 별것 아니라고 했지만 공부는
쉽지 않았다. 수학도, 언어도 따라잡기
힘들었다. 우리 말 구사에는 문제가
없었으나 철자법이 엉망이었다. 나는
단어의 형태를 잘 기억하지 못했다.
말로는 다 아는 단어도 글로 쓰려고
하면 잘 안 됐다.

'지금 시점에서는' !!

"지금 시쩌메서는
사람들이 그럴 수밖에…"

3/
20

그 여학교는 천식 환자들의
요양기숙학교와는 딴판이었다.

그렇지만 학생들의 입학 이유는
크게 다르지 않았다고 해두자.

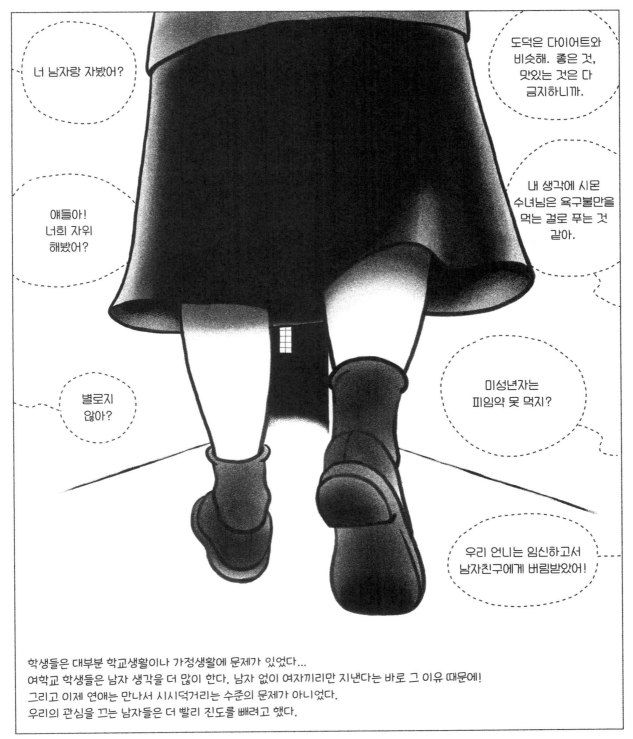

너 남자랑 자봤어?

도덕은 다이어트와
비슷해. 좋은 것,
맛있는 것은 다
금지하니까.

얘들아!
너희 자위
해봤어?

내 생각에 시몬
수녀님은 욕구불만을
먹는 걸로 푸는 것
같아.

별로지
않아?

미성년자는
피임약 못 먹지?

우리 언니는 임신하고서
남자친구에게 버림받았어!

학생들은 대부분 학교생활이나 가정생활에 문제가 있었다...
여학교 학생들은 남자 생각을 더 많이 한다. 남자 없이 여자끼리만 지낸다는 바로 그 이유 때문에!
그리고 이제 연애는 만나서 시시덕거리는 수준의 문제가 아니었다.
우리의 관심을 끄는 남자들은 더 빨리 진도를 빼려고 했다.

나는 저녁 9시가
통금 시간이었다.

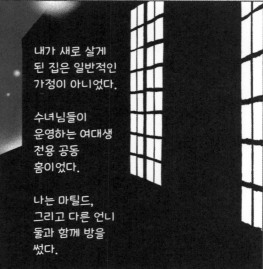

내가 새로 살게
된 집은 일반적인
가정이 아니었다.

수녀님들이
운영하는 여대생
전용 공동
홈이었다.

나는 마틸드,
그리고 다른 언니
둘과 함께 방을
썼다.

마틸드는 영화
「라 지플La Gifle」에
나오는 이자벨 아자니처럼
의대 1학년생이었다.

얼굴도 이자벨 아자니와
꽤 비슷했다.

넌 내가 즐거운 인생을 살기 위해 태어났다고 했지.
내 머릿속에는 아이디어가 가득하고 난 내가 하고 싶은 일을 해.

하지만 그 언니가 닮고
싶어 하고 모든 노래를
줄줄 외울 만큼 좋아했던
연예인은 베로니크
상송이었다.

우리는 테라스에서 함께
담배를 피우며
많은 얘기를 나눴다.

마틸드는 나와 달리 성년이었으므로 밤 12시까지만 홈에 들어오면 아무 문제가 없었다.

새 학기가 시작된 후로 마틸드는 GIS* 친구들과 어울려 다녔고...

* Groupe Information Santé: 집단 정보 건강. 의료 사용자가 자신의 신체와 건강에 대한 정보와 권리를 되찾아야 한다고 주장한 운동.

MLAC** 친구들과 함께 투쟁했다.

** Mouvement pour la Libération de l'Avortement et de la Contraception: 낙태와 피임의 자유를 위한 운동.

마틸드는 나에게도 포스터를 한 장 줬다.

원장수녀님이 그걸 보고 언짢아했다.

나도 나를 원할 때 태어나는 게 훨씬 더 좋아요.

낙태와 피임

자유화와 무상화

MLAC

낙태와 피임의 자유를 위한 운동 본부
75004 파리시 비에유 탕플 거리 34번지

MLAC 여성들은 그 어떤 것도 두려워하지 않았다!

낙태를 원하는 여성을 돕는 그들의 활동은 실로 대담무쌍했다. 행여 들키기라도 하면 당장 감옥에 갈 텐데도!

조직적으로 여자들을 낙태가 허용되는 국가에 보내는 계획도 세웠다.

낙태와 피임 자유화와 무상화

"정당한 권리를 구걸할 이유가 없다. 우리는 그 권리를 위해 싸운다."

낙태와 피임의 자유를 위한 운동

SOLIDARITÉ !

연대!

34 rue vieille du temple 75004 Paris

MLAC는 한 해 전 여름에는 프랑스 전역을 돌면서 LIP사 여성 노동자와 라르자크 여성 농민에 대한 지지 시위를 벌이기도 했다.*

* LIP사의 파업 투쟁과 라르자크 군사기지 확장 반대 운동은 1970년대 프랑스의 중요한 노동운동이다─옮긴이.

MLAC ! MLAC ! MLAC !

공교육 만세!

마틸드는 1971년에 343명이 넘는 여성들이 낙태를 고백하는 선언문에 서명했다고 말해주었다. 그중에는 배우 등 유명인사도 여럿 있었는데, 커리어에 걸림돌이 되거나 감옥에 갈 위험을 무릅쓰고 그랬다고 했다.

Avortement

여성 343인의 호소

프랑스에서 매년 100만 명의 여성이 낙태를 합니다. 의료시설 내에서의 낙태는 비교적 간단한 시술이지만 법으로 금지되어 있기 때문에 여성들은 열악하고 미심쩍은 조건을 감수하며 비밀리에 낙태를 할 수밖에 없습니다. 우리는 이 100만 명에 대하여 침묵해왔습니다. 내가 그 100만 명 중 하나임을 선언합니다. 나도 낙태를 했습니다. 우리는 피임약을 자유로이 구할 권리와 낙태의 자유화를 요구합니다.

le nouvel
OBSERVATEUR

"나도 낙태를 했습니다"

선언에 용기 있게 서명한 343인의 프랑스 여성 명단

SIGNATURES

서명에 동참한 여성 중 몇몇은 혹독한 대가를 치렀다. 배우나 작가보다 교육계나 정부에 임시직으로 몸담고 있던 여성들이 선언문이 발표되자마자 쫓겨나기도 했다.

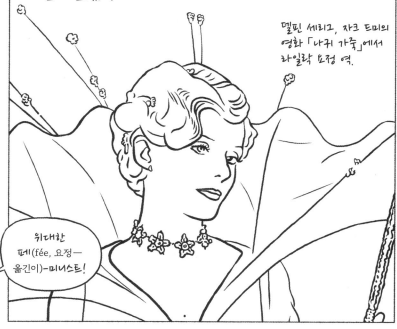

이듬해에는 이 선언문에 서명한 어느 배우 집에서 카먼(Karman) 방법을 시험하기도 했다.

델핀 세리그, 자크 드미의 영화 「나귀 가죽」에서 라일락 요정 역.

위대한 페(fée, 요정—옮긴이)-미니스트!

카먼 방법은 일종의 흡입법으로 간단하고 비용이 적게 들 뿐 아니라 여성의 몸에도 무리가 덜 갔다. MLAC 투사들은 이 방법으로 비밀리에 여성들에게 낙태시술을 해줄 수 있었다.

1972년 11월에는 보비니 재판이라는 중요한 사건이 있었다. 나는 그때 빈터 집에 처박혀 있었기 때문에 무슨 일이 일어나는지도 몰랐지만...

그 일은 엄청난 반향을 일으켰고 낙태자유화 투사들에게 큰 희망을 주었다.

16세에 임신하고 낙태를 했다는 죄목으로 재판정에 선 소녀가 무죄로 풀려났다.

재판은 비공개였지만 대대적인 시위가 법정 안에까지 영향을 주었다. 시위자들이 외치는 구호가 배심원들의 귀에까지 들렸을 것이다.

퐁피두 대통령*은
이 재판에 대해 어떻게
생각하느냐는 질문에
속이 뒤집힌다고 대답했다.

당연하지.
그 부부는 애를 갖고
싶어도 못 가졌잖아.
그러니 문제를 보는
시각이 다를 수밖에.

피고 측 변호사 지젤 알리미는
정치인 아내들도 다른 여자들과
마찬가지로 낙태를 한다고, 다만
그들이 좀 더 유리한 환경을 누릴
뿐이라고 주장했다.

* 조르주 퐁피두. 1969년에서 1974년까지 프랑스 대통령 역임.

다음으로 낙태시술을 받은 소녀의
어머니 미셸 C.와 시술비를 빌려준
어머니 친구 두 명, 존데**를
삽입해 실제 시술을 한 여성이
차례로 법정에 섰다.

지방법원

TRIBUNAL
DE GRANDE INSTANCE

여러분을 보시고 저희를 보세요.
여자 넷이서 무슨 얘기를 하려고
남자들 앞에 출두했는지 좀 보세요.
우리는 자궁, 임신, 낙태 얘기를 하러
왔습니다. 이미 여기서부터 근본적인
불평등이 있는 게 아닐까요?

** 임신중지 시술을 할 때 자궁에 삽입하는 쇠막대 비슷한 도구.

미셸 C.는 아이들 아버지에게 버림받고
프랑스교통공단에서 일하면서 혼자 딸 셋을
키웠다.
낙태시술 비용은 그녀의 한 달 월급이었다. 아니,
그 정도면 다행이다! 맨 처음 만났던 산부인과
의사는 수술 대가로 그 세 배를 요구했다!

그녀는 판사를 도발하는 바람에 하마터면 실형을
살 뻔했다.

나는 죄가
없습니다.
당신네들 법이
유죄입니다!

피고인들을 위해 증언하러 온 사람도 많았다.
그중 하나인 의사 폴 밀리에는 독실한
가톨릭 신자였다.

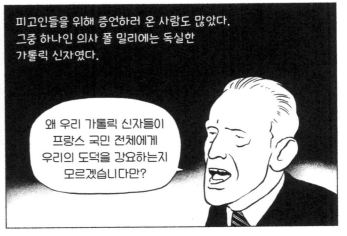

왜 우리 가톨릭 신자들이
프랑스 국민 전체에게
우리의 도덕을 강요하는지
모르겠습니다만?

그는 낙태를 지지했다는 이유로 몇 달 후 전국의사협회에서
징계를 받았을 뿐 아니라 의학아카데미 입회도 거부당했다.

전국의사협회가 제일 악질이야!
모든 종류의 피임을 금지하는
1920년 법만 붙들고 있지!
피임약이나 페서리를 사용할
권리조차 없다니, 말이 돼?

"낙태는 범죄입니다." 위선 떨지 말라고 해! 부잣집
여자들이 손쉽게 낙태시술을 받는다는 건 삼척동자도
다 안다고. 늘 그렇듯, 가난한 여자들만 피를 보지.

이 기회를 놓치지 마세요!
1920년 법 폐지를 앞두고
전국의사협회가 가격파괴에 들어갑니다!

존데삽입시술 = ~~800F~~ 500F!
소파수술*(비마취) = ~~1000F~~ 850F!
소파수술(마취) = ~~2000F~~ 1500F!

미성년자는 요금의 20% 추가

* 금속제 숟가락 같은 도구를 자궁에 삽입해서 수정란을 감싼 막을 찢고 태반과 함께 긁어내는 수술.

비시에서 탄생한 이 협회를 혐오하는 이들은 의사 중에도 많았다.
여성 343인과 마찬가지로 낙태시술 경험이 있는 의사 331인도 선언문을
발표했다.
그르노블에서는 의료인들이 낙태시술을 숨기지 않고 공개화하기도 했다.

낙태와 피임
자유화와 무상화

가끔 거리를 지나가다가 마틸드가 내게 준
포스터들로 도배된 벽을 봤다. 내가 직접
붙이기라도 한 듯 뿌듯했다.

전혀 다른 포스터들로 도배된 벽을 볼 때면
짜증이 났다.

GISCARD D'ESTAING

지스카르 데스탱

보비니 재판 이후에 대통령이 바뀌었다.

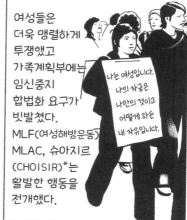

여성들은 더욱 맹렬하게 투쟁했고 가족계획부에는 임신중지 합법화 요구가 빗발쳤다. MLF(여성해방운동) MLAC, 슈아지르 (CHOISIR)*는 활발한 행동을 전개했다.

나는 여성입니다. 나의 자궁은 나만의 것이고 어떻게 하든 내 자유입니다.

* 보비니 재판의 변호사 지젤 알리미가 창립한 단체로 원치 않는 임신을 중단할 여성의 권리 투쟁에 앞장섰다. 'CHOISIR'는 '선택하다'라는 뜻—옮긴이.

내가 가끔 우울해하면 마틸드는 내가 외출할 수 있도록 도와주었다.

우리는 함께 영화를 보러 가거나 MLAC 집회에 갔다.

자,
자전거펌프를
흡입용으로
개조했어.*

좋았어,
이제 준비는
끝났다!

안은 의료기기
유통회사에서
캐뉼러와 질경을
구입했다.

파리에서는 MLAC
여성들이 시장에 상설
부스까지 마련해놓고
있다고 했다!

* 카먼 방법 시술에 이런 도구가 필요했다.

나는 모임에서 가장 어렸다.
그 자리가 늘 편안하지만도 않았다.

낙태는 여성이 하는 것이지
당하는 게 아니야.

여성이 임신하는 존재이지
임신당하는 존재가 아닌 것처럼!

이 같은 숙명과 복종의 언어를
몰아내야 해! '임신하다'로
충분하다고!

사랑에 빠진다
(tomber, 떨어지다
— 옮긴이)는 표현은
어때?

그 표현도
적절치 않아!

사랑은
유감스러운
처지로
떨어지는 게
아니야.

공중으로
날아오른다고
하는 게 낫겠다!

그래, 얘들아!
이제 진지한 얘기로 넘어가자.
월요일 런던 원정낙태 희망자가 30명,
우리가 해야 할 낙태시술이 세 건 있어.
지원할 사람?

보건복지부 장관이 교체되는 과정에서 전임 장관
포니아토프스키는 신임 장관 시몬 베유에게 이렇게
말했던 모양이다.

가급적 빨리
합법화하지
않으면 당신네
내각은 실패하고
말 거요.

그리하여
1974년 11월
24일, 여성들의
악착같은 투쟁은
마침내 결실을
거두었다.

시몬 베유는
국민의회에서 이렇게
연설했다.

법이 유명무실하다 못해 조롱거리가
되고 있는 현 상황은 좋지 않습니다.

범법 실태와 그에 대한 처벌의 실태가
이렇게까지 괴리되면 그때부터는
탄압이 문제가 아닙니다. 이 경우에는
법에 대한 시민의 존중, 그리고
국가의 권위를 재고해보아야 합니다.

나는 우선 여성으로서의 신념을
여러분에게 전하고 싶습니다. 거의
남성으로만 구성되어 있는 국민의회에서
이렇게 연설을 하게 되어 유감스럽지만
말입니다. 분명히 말하건대, 좋아서
낙태를 하는 여성은 없습니다.

이건 여성들의 목소리에 귀를
기울여보기만 해도 알 수 있습니다.

11월 26일 화요일부터 30일 토요일까지 국민의회는 격렬한 논쟁의 장이 되었다.

여성들은 2층 방청석을 가득 메웠다. 그들의 발밑에 운집한 의원들은 남성이 469명, 여성은 고작 9명이었다.

시몬 베유는 다수를 불안하게 해서는 안 된다는 사실을 잘 알고 있었기에 배아의 인간성과 여성 인권에 대한 이론적 논쟁에 깊이 들어가지 않고 온건한 태도로 주장을 밀고 나갔다. 베유는 이 법안의 필요성을 제시하고 제한적 성격을 강조했다. 임신중지를 원하는 여성은 사회단체와 사전 면담을 거치고 8일간의 숙려기간을 갖는다는 것이 주요 골자였다. 그녀는 여성의 책임감을 강조했고 어떤 일탈도 허용하지 않았다. 임신중지는 "예외적인 것으로 남아야만 하는 중대한 행위"라고 보았고, 치과 진료와 안경조차 의료보험이 되지 않는 상황에서 임신중지 보험 적용을 주장해봐야 통하지 않을 것을 알았기에 그러한 급진적 주장에는 반대했다. 하지만 베유는 임신중지가 합법화된 후에도 불법이었을 때와 똑같은 사회적 불평등이 계속되어서는 안 되므로 빈곤층 여성에 한해서는 무료 시술이 필요하다고 주장했다.

임신중지 찬반론은 프랑스 TV 채널1에서 생중계됐다. 11월 30일 토요일 새벽 3시 40분에 합법화 법안이 투표로 가결, 채택되었다. 수많은 시청자가 그 시각까지 텔레비전 앞을 떠나지 않았다. 프랑스 의회 역사상 유례없는 일이었을 것이다.

지금 제시된 법안을 따르면 끔찍한 꼴을 보게 될 겁니다. 죽은 태아의 시체들이 쓰레기통에 넘쳐날걸요!

생명불가침권을 망각한다면 나치 인종주의와 다를 게 뭡니까!

당신은 외국에서처럼 태아들을 화장터에 처넣고 불사르는 꼴을 보겠다는 거군요!

여론의 심판이 아니라 최후의 심판을 염두에 두고 투표해야 합니다!

여자도 아닌 사람들의 시위 말인가요? 낙태라는 안타까운 상황을 스스로 각오한 여자는 여자라고 불릴 자격도 없어요!

이 법안은 태어날 수도 있을 아이들을 일상적으로 살해하는 일종의 대학살에 참여하라는 요구나 다름없습니다.

진지한 신념들과 충돌하는 법안이기 때문에 맹공을 당할 거라 예상은 했습니다. 하지만 의원들이 그토록 나를 증오하고 사람으로서 차마 할 수 없는 말과 상스러운 발언을 하리라고는 상상도 못 했지요. 난폭한 군인의 언어라고 할까요. 어떤 남자들은 여자 앞에서 그런 얘기를 할 때 자동으로 마초주의에 찌든 저속한 언어가 튀어나오는 모양이에요. 역겨운 그림이나 유대인 혐오 발언이 포함된 우편물도 얼마나 많이 받았는지 모릅니다.

유대인 뒈져라

시몬 베유가 살던 건물 현관의 낙서

시몬 베유와 그녀의 가족 전원은 1944년 나치 수용소에 끌려갔다. 부모와 오빠가 모두 수용소에서 목숨을 잃었다.

시몬 베유는 꼿꼿이 버텼고
승리를 얻어냈다.
1974년 11월 29일, 자발적
임신중지 합법화 법안이
표결에 부쳐졌다.

월요일 점심시간에 여자애들은 모두
그 얘기를 했다. 아름다운 날이었다.
운동장의 헐벗은 플라타너스들마저
잘려 나간 나뭇가지를 번쩍 들고
승리를 축하하는 것 같았다.

햇살이 눈에
정통으로
내리꽂혔다.
마치 종전(終戰)이
선언된 것 같았다.

그날 저녁, 고등학교 입학 후
처음으로 어머니가 나를 발레
강습에 데려다주러 왔다. 어머니는
내 입술에 가볍게 뽀뽀를 했다.
우리는 일찌감치 도착해서 아직
아무도 없는 탈의실에 자리를
잡았다.

나는 어머니와 함께여서 기분이 좋았다. 시간이 그대로 멈춰버리기를 바랐다. 어머니에게 뭔가 멋지고 재미있고 똑똑해 보이는 말을 하고 싶었다.

내 침대 위에 붙여놓은 MLAC 포스터가 생각났다. 나는 원장수녀님이 그 포스터를 보고 어떤 표정을 지었는지 흉내 냈다...

어머니는 미소 아닌 미소를 지어 보이더니 입을 열었다.

발레 강습이 시작되고 첫 자세 드미푸앵트에 들어갈 때 손은 바를 짚고 있었지만 다리가 후들거렸다.

내 몸은 무게중심이 세탁기 통에 휩쓸린 것처럼 제멋대로 돌아갔다.

어머니는 말했다. 법안에 대해서, 다정하게 들리기를 바라는 듯한 목소리로 말했다...

어머니도 세 번이나 낙태를 했다고...

달걀만 한 태아를 손바닥으로 받았을 때의 그 느낌...

엄청난 출혈, 죄책감을 자극하던 의사들...

36

공동 홈으로 돌아가는 버스 안에서 마틸드가 생각났다.
오늘의 승리를 친구들과 신나게 축하하고 있으리라.

아버지가 시도 때도 없이 했던 말도 생각났다. "너희 엄마를 피곤하게 하지 마라!"

예상과 달리 마틸드는 방에 있었다. 침대에 앉아 비관적인 얼굴을 하고 있었다.

5년짜리 임시 법안인 데다 미성년자는 부모 허가를 받아야 하고 외국인은 3개월 이상 체류증이 있어야 해⋯

그녀는 짜증을 냈다.

'사회복지면담 의무'라니, 고해성사가 따로 없겠다 싶어.

임신중지는 의료시설 안에서 해결되어야 할 일이야.

그냥 산부인과에 가든가, 지금껏 그래왔던 것처럼 여자들끼리 알아서 해결하는 게 백배 더 쉽겠다!

나는 마틸드의 분노에 뭔가 다른 것이 감추어져 있음을 직감했다.

마틸드의 시선은...

자신의 내면을 바라보고 있는 것 같았다.

우리 어머니의 시선처럼...

마틸드는 MLAC 점조직들과의 놀라운 고백의 순간에 대해

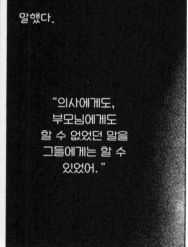

말했다.

"의사에게도,
부모님에게도
할 수 없었던 말을
그들에게는 할 수
있었어."

내 침대 위 포스터를
원장수녀님에게 고자질했을
거라 의심되는 룸메이트가
방으로 들어왔기 때문에
우리는 테라스로 자리를
옮겼다.

마틸드는 MLAC에
들어가게 된 사연을
털어놓았다...

그다음에 일어난 일은 부모에게도
말할 수가 없었다.

마틸드는 열일곱 살 때 끔찍한
일을 당했다.

파리 시내를 돌아다니고 있을
때였다.

벌건 대낮에 어떤 남자가
거리에서 마틸드에게
따라붙더니 자기는 글을 읽을
줄 모른다며 어느 집 주소를
찾아달라고 했다.

그 남자는 주소를 찾는
척하면서 마틸드를 어떤 건물
입구로 밀어 넣었다.

얼굴에 생긴 상처는 지하철
계단에서 넘어져서 생긴 거라고
둘러댔다.

집으로 돌아와서 2주 후, 마틸드는 임신했다는 것을 알았다.

평소 낙태는 천벌 받을 짓이라고 말하던 부모님께 사실을 털어놓을 수는 없었다.

마틸드는 같은 반 친구에게서 들은 적 있는 단체와 접촉했다.

그 단체가 바로 '슈아지르'였다.

마틸드가 만났던 팀은 주로 의대생들로 이루어져 있었고 모두가 그녀를 진심으로 배려해주었다.

우리 어머니가 겪었던 경험과는 전혀 달랐다.

그 의대생들은 임신중지 시술을 하다가 걸리면 감옥에 가고 두 번 다시 의료행위를 못 할 수도 있다는 사실을 알면서도 현실을 바꾸기 위해 애쓰고 있었다.

마틸드는 병원처럼 제대로 된 진료실에 들어가 침대에 누웠다.
의대생 두 명이 시술을 하는 동안 또 다른 의대생이 그녀의 손을
꼭 잡아주었다.

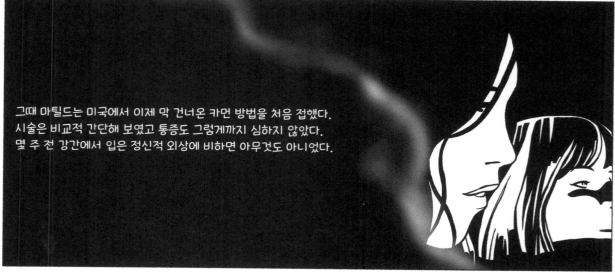

그때 마틸드는 미국에서 이제 막 건너온 카먼 방법을 처음 접했다.
시술은 비교적 간단해 보였고 통증도 그렇게까지 심하지 않았다.
몇 주 전 강간에서 입은 정신적 외상에 비하면 아무것도 아니었다.

마틸드는 무엇보다 그 의대생들의 인간미에 감명을 받았다. 당시 그녀에게 가장 절실했던 것이
그런 인간미였으니까! 그중 한 명이 마틸드를 집까지 데려다주었는데...

마틸드는 그에게 왜 이렇게
위험을 무릅쓰면서까지
여성들을 돕느냐고 물었다.

그는 자기도 낙태를
죄악시하는 가톨릭 부르주아
집안 출신이라고 털어놨다.

우리 집 하녀가 잠시 알던
남자 때문에 임신을 했어.

어머니는 그
하녀를 바로
쫓아냈지.

평소 약자들을 돕고
살아야 한다고
가르치던 부모님의
모순적인 처사가
그의 뇌리에서
떠나지 않았다.

베유 법은 1975년 1월 17일부터 시행되었다. 하지만 마틸드의 우려는 옳았다. 투쟁은 아직 갈 길이 멀었다.
1975년 3월에도 파리 코생 병원은 합법적인 임신중지 시술을 거부했다. MLAC 투사 150명이 병원을 포위하고
'불법' 시술 여섯 건을 실시했다.

나는 1년을 유급했고 『파란 풀L'herbe Bleue』, 『세기의 아이들Les Petits Enfants du siècle』, 『세월의 거품L'écume des
jours』을 감명 깊게 읽었다. 아버지는 나보고 취직이나 하라고 윽박질렀지만 오빠가 나도 집에 들어와 살게 해야 한다고
나섰다. 그래서 나는 공동 홈을 나왔고 마틸드도 남자친구와 살기 위해 홈을 떠났다.
그 후로는 두 번 다시 마틸드를 보지 못했다.

1975년 9월, 부모님은 빈터 집을 팔고 시내에 큰 집을 샀다.

우리 가족은 참으로 오랜만에 한집에 모여 살게 됐다.

현관문 열쇠고리 위에 누군가가 '천국의 열쇠'라고 적어두었다.

우리 형제자매는 모두 꼭대기층을 썼다.

나 홀로 고양이발 욕조에 누워 있으면 기와 사이로 하늘이 살짝 보였다.

우리는 금세 위층에서 각자의
자리를 찾았지만 아래층이
요동치기 시작했다. 접시가
날아다니고, 커튼 따위가
찢어지고, 문이 쾅 소리를 내며
닫히고, 침대가 이 방에서
저 방으로 옮겨졌다.

천국은
몰락했다.

파열: 웬만큼 내구성을
지닌 것이 지나치게
큰 힘을 받아서, 혹은
지나치게 오랜 시간 힘을
받아서 갑자기 둘 이상의
조각으로 찢어짐.

어머니는 그 집에 있어도 없는 거나 마찬가지였다. 늘 벽지와 같은 무늬의 로라 애슐리 실내복을 입고 있었다.

나는 피임약을 먹었고...

...속이 뒤집혔다.

고몽 영화관에 갔다 오거나...

우리 반에서 유일하게 혼자 자취를 하는 앙투안의 집 소파에서 죽치곤 했다.

우리는 예전에 만날
뻔한 적이 있다.

나는 몽테스키외 고등학교 2학년에
재학 중이었다.

앙투안은 같은 반 친구였다.

내가
비아리츠를
떠나자마자
앙투안이
내가 다니던
학교로
전학을 갔기
때문이다.

앙투안은 학교에서 출석을 부를 때 내 이름을
여러 번 들었다고 했다.

그때마다 어떤 애가
"걔는 할머니가 돌아가셔서 이제
안 와요"라고 대답했다고 한다.

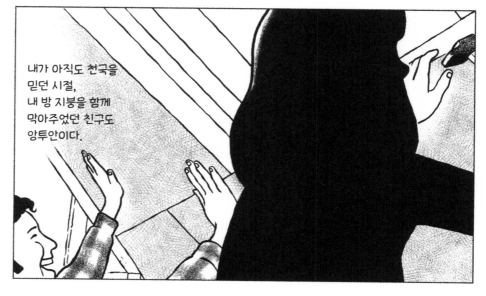

그런데 우연인지
인연인지 둘 다
유급을 먹어서 5년 후
보르도에서 같은 반이
된 것이다.

내가 아직도 천국을
믿던 시절,
내 방 지붕을 함께
막아주었던 친구도
앙투안이다.

우리의 삶에는 비슷한 구석이 많았다. 하지만 앙투안은 나보다 더 마음고생을 했다.

양수가 터지고 앙투안이 태어나던 날, 할아버지 할머니는 심각한 충격을 받았다. 그때까지 한집에 사는 딸이 임신한 줄도 몰랐는데 갑자기 거실 양탄자에다 양수를 쏟았으니 얼마나 놀랐을까.

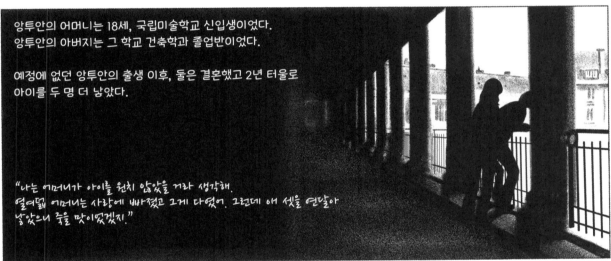

앙투안의 어머니는 18세, 국립미술학교 신입생이었다.
앙투안의 아버지는 그 학교 건축학과 졸업반이었다.

예정에 없던 앙투안의 출생 이후, 둘은 결혼했고 2년 터울로
아이를 두 명 더 낳았다.

"나는 어머니가 아이를 원치 않았을 거라 생각해.
열여덟 어머니는 사랑에 빠졌고 그게 다였지. 그런데 애 셋을 연달아
낳았으니 죽을 맛이었겠지."

막내의 출산이 특히 힘들었어. 산파가 갓난아기를 품에 안겨주자 어머니는 무슨 모욕이라도 당한 듯한 표정으로, 자신을 향해 인상 쓰면서 울어대는 아기를 밀어냈지.

얼마 후 어머니는 많이 아팠어. 의사가 반복된 임신으로 인한 자궁탈출증이라며 자궁을 들어내야 한다고 했지. 그때는 흔히 '토탈(totale, 자궁절제술—옮긴이)'이라고 부르던 수술이야. 아버지는 수술동의서에 서명을 했어.

"어머니는 전신마취에서 깨어나서 다시는 아이를 가질 수 없다는 걸 알았지."

앙투안의 아버지와 어머니는 금세 동업자로서
승승장구했다. 아버지가 건축 설계를 맡고 어머니는
인테리어를 맡았다.

앙투안의 어머니는 자기 일을 대단히 사랑했다.
예쁘게 머리를 하고 세련된 옷을 입은 아름다운
어머니는 자식들에게조차 선망의 대상이었다. 하지만
자식들은 정 없는 어머니 때문에 자주 슬펐다.

앙투안이 기억하는 어머니는 철저하게 존댓말만 쓰게
하고 자기 손에 키스를 하게 했다. 그는 학교에 갈
때마다 넥타이나 나비넥타이가 양말과 어울리는지
어머니에게 검사를 받았다고 했다.

옷차림을 제외한 교육 문제는 가정교사가 전부 떠맡았다.

자식에게 무관심하고 지나치게 튀는 옷을 좋아하며 과소비가 심한
어머니에게 아버지는 염증을 느끼기 시작했다. 아버지도 그렇게 예쁘고
실력 있는 한 여자에게만 만족하고 살 사람은 못 되었다.

부부 싸움은 점점 더 심각해졌다.
앙투안은 아홉 살 되던 해에
외갓집에서 여름방학을 보내던 중,
어머니가 교통사고를 당해 병원에
실려 갔다는 소식을 들었다.

어머니는 퇴원 후 자기를 그토록 비열하게 버린 남자의 자식들 따위는 상관하지 않고 외국에 나가 새로운 인생을 살기로 결심했다.

아버지는 어머니가 평소처럼 반격을 할 수 없는 바로 그 시기를 틈타 이혼을 청구했다.

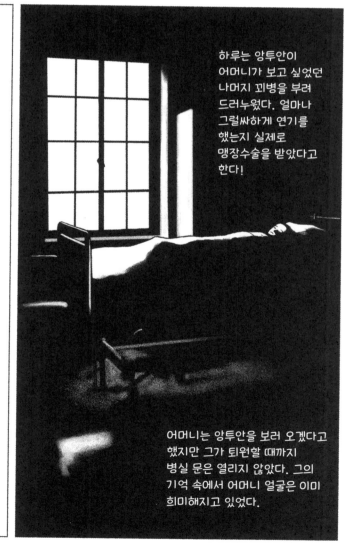

하루는 앙투안이 어머니가 보고 싶었던 나머지 꾀병을 부려 드러누웠다. 얼마나 그럴싸하게 연기를 했는지 실제로 맹장수술을 받았다고 한다!

어머니는 앙투안을 보러 오겠다고 했지만 그가 퇴원할 때까지 병실 문은 열리지 않았다. 그의 기억 속에서 어머니 얼굴은 이미 희미해지고 있었다.

그 후, 어머니는 말로만 약속했을 뿐 한 번도 자식들을 보러 오지 않았다.

우리 부모도 결국 이혼했다.
두 사람의 이혼은 갈가리
찢어진 결합의 마지막
파편들을 사방에 흩뿌렸다.
상처 없이 벗어난 사람은
아무도 없었다.

어머니는 돌로 지은 집에서
지냈다.

그곳에서 어머니는 아무도 만나고 싶어 하지 않았다.

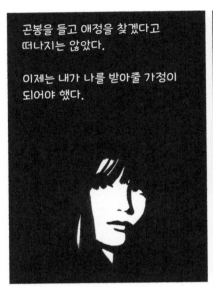

곤봉을 들고 애정을 찾겠다고
떠나지는 않았다.

이제는 내가 나를 받아줄 가정이
되어야 했다.

나는 박물관을 관람하듯 우리 집의 방이란 방은 다 살피고 다녔다.
이제는 사라진 어느 인생의 추억에 망령의 그림자가 어른거렸다.
어느 한 장소의 뼈대와 몇 가지 물건만 남았을 뿐이지만...

내 마음에는 전부 다 와닿았다. 아주 추한 것조차도...

나는 이제 돌아오지 않을 것을 알고 있었다.
하루는 다락방에 올라가보았다. 천 쪼가리나
원피스, 구두, 뭐든 내가 가지고 나갈 것이
있을까 해서.

흰색 나무 계단이 무섭게 삐걱거렸다. 심장이
두근거렸다. 어머니에게 들킬까 봐 두려웠다.

마룻바닥 위로 고개를 내민 순간,
두려움은 사라지고 낭패감에
사로잡혔다.

다락방에는 거울 달린 장롱 하나만 덩그러니
놓여 있었다. 빛을 받지 못한 텅 빈 거울이 내가
더 이상 존재하지 않는 현재를 비춰주었다.

과거는 쓰레기장으로 넘어갔다.
원래 그곳에는 우리가 입고 썼던 아기 옷과 장난감이 탕약 냄새,
나프탈렌 냄새를 풍기며 쌓여 있었다.
그런데 이제 아무것도 없었다.

옆방 벽과 골조 사이에 처박혀 있는 종이상자 하나만이 과거를 더는
견딜 수 없는 여자의 감시를 피해 그 다락방에 자리 잡고 있었다.
나는 몸을 비틀어 팔을 내밀고 손가락을 끝까지 쭉 뻗었다.
팔이 대들보 모서리에 긁혔지만 어쩔 수 없었다.
상자가 손에 닿았다. 그것이 내 손안에 들어왔다.

나는 조심스레 상자를 내렸다. 아주 오래된 상자였다.
너무 오래되어 저절로 부서질 것 같았다. 드디어 상자가 내 품으로
들어왔다. 나는 상자를 밝은 곳으로 가져가 눈높이까지 들어보고는
그 안을 살펴보았다.

1956년 8월 16일

내 사랑에게,

당신이 너무 울적해 보여서 내 마음이 좋지가 않아.
당신은 늘 내 곁에 있지. 나도 늘 당신이 함께 있다고
생각해. 앞으로 몇 달간 불확실한 시간을 보낼 테지만
그렇더라도 나는

여자는 영국에서 어학연수를 하고 돌아온 참이었다. 남자는 비아리츠로 여름휴가를 와 있었다. 그때 생긴 아이가 우리 오빠였다. 그들은 몰래 아이를 낳았다. 나는 그들의 불확실한 미래 속에 있었다.

1958년 8월

오늘 아침에 네 편지 받았어. 넌 가장 중요한 얘기를 빼먹었어. 오데트의 가임기가
어떻게 돼? 네가 말하는 주사는 생리예정일로부터 8일에서 12일 사이에 맞아야만
효과가 있어.
그렇기 때문에 어쨌거나 ~~옻~~이나 브루스 효과로 문제를 해결해야 해.
주거가 불안정한 노동자 가정에는 큰 문제겠지만 풍족한 미래가 예상되는 네가 무
슨 걱정이야. 그 밖의 섣부른 시도는 오데트의 건강을 크게 해칠 수 있으니 삼가도록.
너를 걱정시키려는 게 아니라 그만큼 조심해야 한다는 얘기야. 어쩌면 체념해야 한
다는 얘기지.
시몽, 너무 늦었다면 그냥 받아들여. 어시스턴트 두 명과 스크립트 한 명을 더 받을 순
없잖아!
내가 말은 이렇게 하지만 너와 오데트가 얼마나 낙담하고 있을지는 충분히 알아.
우정을담아우정을담아우정을담아우정을담아

프랑수아

françois

여자는 또 임신을 했지만 출산을 원치 않았다. 남자는 친구들에게 도움을 청했다. 프랑수아*는 「400번의 구타Les 400 coups」라는 영화를 준비 중이었고 나의 아버지는 그의 어시스턴트가 된다.

* 프랑수아 트뤼포 감독을 가리킨다—옮긴이.

또 다른 편지도 발견했다. 말하지 않은 것들이 조각조각 맞춰지면서 금지된 고통의 전모가 드러났다…

프랑수아가 편지를 보낸 때로부터 8개월 후에 내가 태어났다. 그 감독의 첫 번째 출세작이 될 영화 촬영은 3개월 전에 끝나 있었다. 당시에는 피임도 금지였다. 남녀 간의 단순한 욕망 때문에 무수히 많은 가정이 탄생하고 식구를 불리면서 절망했다.

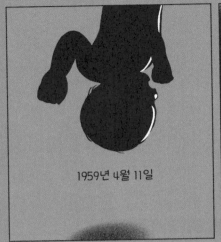

1959년 4월 11일

엄마는
스물세 살이었다.

아빠는
스물두 살이었다.

두 사람은
여전히
결혼하지 않은
상태였다.

나는 3년 사이에 벌써
세 번째로 태어난
아이였다.

낙태주사는
여전히
효과가
없었다.

그들은 스위스행을 알아봤다. 돈이 많이 들어서
문제지, 스위스는 임신중지를 허용하는 입장이었다.

의사는 어머니 가슴에
못 박는 소리를
해댔다.

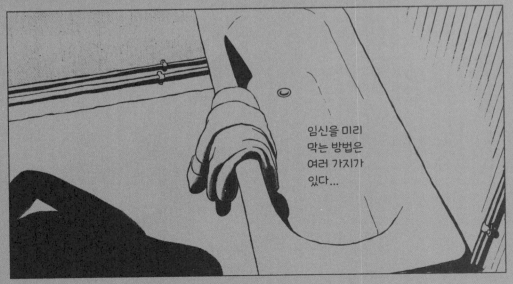

어머니는 발레
강습에 함께 갔던
날 내게 고백했던
대로 그 후 3년
동안 자기 혼자
욕실에서
세 번이나
낙태를 했다.

임신을 미리
막는 방법은
여러 가지가
있다...

바람을 불어 넣으면 길쭉한 타원형 풍선이 되는 물건이라든가...

하지만 그 풍선이 항상 믿을 만하지는 않다.

문제가 생길 때마다 주치의는 가죽 케이스에서 존데를 꺼내 어머니의 자궁에 넣고는, 집에 가서 '하던 대로 하라'고 지시했다.

그 의사는 페탱 장군의 초상이 들어간 물건들을 수집했다.

3년째 되던 해, 사달이 나고야 말았다.

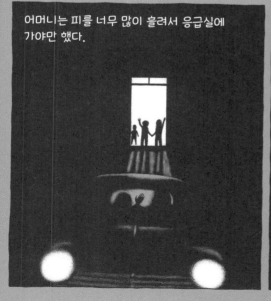

어머니는 피를 너무 많이 흘려서 응급실에 가야만 했다.

우리는 그때 어머니를 잃을 뻔했던 것이다.

나는 오랫동안 내 몸에 문제가 있어서, 나에게서 나쁜 냄새가 나서, 내 얼굴이 못생겨서, 내가 입만 열면 바보 같은 말을 해서, 형편없는 행동을 해서 부모님의 관심을 못 받는 거라고 생각했다.

상자 안 편지들은 베유 법안이 통과된 날 저녁에 어머니가 차마 다 하지 못했던 이야기를 대신 해주었다.

아기를 낳으라고 강요할 권리는 누구에게도 없다.

↑
상자에서 찾은 언니 사진

언니는 우리 셋 중 둘째다. 아무도 언니의 첫 말, 첫 걸음마, 처음으로 드러낸 절망의 징후를 눈여겨볼 겨를이 없었다.

내가 어머니에게서 낙태에 대한 얘기를 들었다고 하면 사람들은 곧잘 질겁한다. 그런 얘기를 왜 하느냐면서 언제나 여성들의 고통을 입막음하려고만 한다.

하지만 어머니에게 그런 말을 듣지 않았다면 내가 어떻게 이해할 수 있었을까?

아이들은 어머니의 침묵을 안고 산다. 침묵은 슬픔으로 변해서 오래오래 남는다.

1963년의 출생통지서. 존데를 이용한 시술을 더 이상 받을 수 없었던 어머니는 다시 아기를 낳았다.

성별은 여아, 몸무게는 4킬로그램 남짓.

아버지는 그 애가 콘돔과 페서리를 통과하고 태어난 아기라고 했다.

어머니는 그 넷째 아이만은 아무 불안감 없이 품에 안을 수 있었다.

어머니는 파리의 소형 아파트에서 6남매와 부대끼면서 자란 탓에 늘 차분하고 조용한 환경을 갈망했다.

어머니는 막내를 낳고 난 후에야 첫애를 낳고서 처음 몇 달간 느꼈던 어머니로서의 기쁨을 되찾았다.

산부인과 의사가 비밀리에 자궁 내 피임기구를 넣어주었기 때문이다.

어머니는 막내에 대한 애착이 남달랐다.

57

나는 편지들을 다 읽었다.

수백 통의 편지 가운데
어떤 것은 1878년도까지
거슬러 올라갔다.

나는 다 읽은
편지들을 상자에
넣은 후 대들보
구조물 사이에 도로
올려놓았다.

그러고는 아래층으로 내려갔다.

삐걱 소리가
요란하게 나거나
말거나,
내 알 바 아니었다!

나는 죄가
없습니다.
당신네들 법이
유죄입니다!

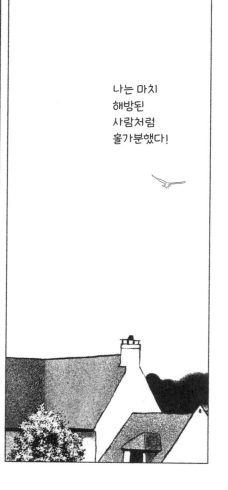

나는 마치
해방된
사람처럼
홀가분했다!

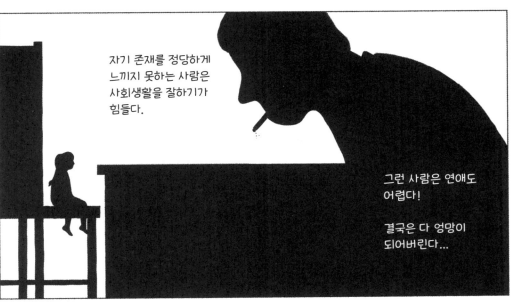

죄책감을 더 이상 느끼지 않는다는 것과 스스로를 정당한 존재로 느낀다는 것은 별개의 문제다.

부모가―생물학적 부모든, 양부모든― 원하는 아이만이 자기가 그 부모의 적자(適子)라고 느낄 수 있다.

자기 존재를 정당하게 느끼지 못하는 사람은 사회생활을 잘하기가 힘들다.

그런 사람은 연애도 어렵다!

결국은 다 엉망이 되어버린다...

나는 피임링을 했는데도 임신이 됐다.

계획에 없던 임신... 아버지가 될 생각이 없던 남자...

하지만 남자는 임신중지 수술비를 자기가 대겠다고 했다. 그 정도면 괜찮은 사람이었다.

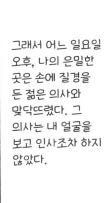

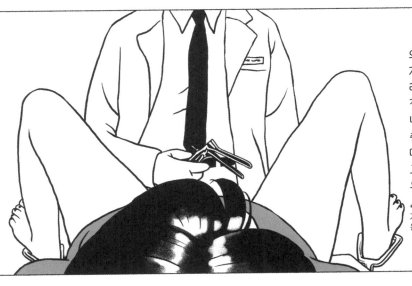

그래서 어느 일요일 오후, 나의 은밀한 곳은 손에 질경을 든 젊은 의사와 맞닥뜨렸다. 그 의사는 내 얼굴을 보고 인사조차 하지 않았다.

의사가 자궁경부에 라미나리아*를 집어넣었고 나는 자궁이 충분히 열릴 때까지 밤새 그 상태를 유지해야 했다.

* 해조의 한 종류로 자궁경부 확장에 사용―옮긴이.

의사는 초조해하고 있었다. 내 다리 사이 민감한 부분에서 그의 숨결이 느껴졌다.

그가 간호사들에게 하는 말을 들으면 내가 질경에 꿰인 통닭구이라도 된 기분이었다.

간호사가 애써 설명해줬다.

?!

피임링이 있잖아! 새끼 낳은 적 없는 암컷에게 왜 이런 걸?

아이를 가진 적 없는 여성이라는 뜻이죠.

일주일 전에도 다른 의사에게 그 문제로 한 소리 들은 적이 있었다. 나는 불편한 자세에도 불구하고 고개를 빳빳이 들고 항의했다.

의사는 짜증이 났는지 내 말이 끝나기도 전에 소독약 병을 들고 질경으로 입구를 뜯더니, 사전에 '여성의 교접기관'이라고 설명되어 있는 부위에 전부 다 쏟아 넣었다!

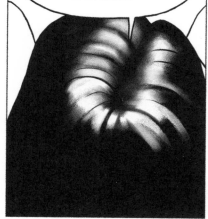

그게 제 탓인가요? 의사들끼리 의견이 달라서 싸우는 거잖아요! 제가 다니던 산부인과에서는 피임약이 더 안 좋다고…

갑자기 지옥불에 떨어진 듯 열이 났다. 더워서 견딜 수가 없었다! 온몸의 모공이 열리며 땀이 나는 게 느껴졌다.

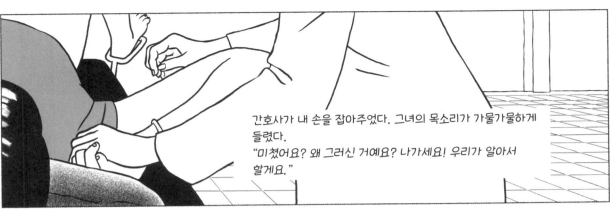

간호사가 내 손을 잡아주었다. 그녀의 목소리가 가물가물하게 들렸다.
"미쳤어요? 왜 그러신 거예요? 나가세요! 우리가 알아서 할게요."

이튿날은 월요일이었다. 전신마취에서 깨어나보니 병실에는 나 혼자였다.

붐타운 래츠의 노래가 들렸다.

(이유를 말해줘) 나는 월요일이 싫어 (이유를 말해줘) 나는 월요일이 싫어 (이유를 말해줘) 나는 월요일이 싫어 그날을 홀랑 없애버리고 싶어

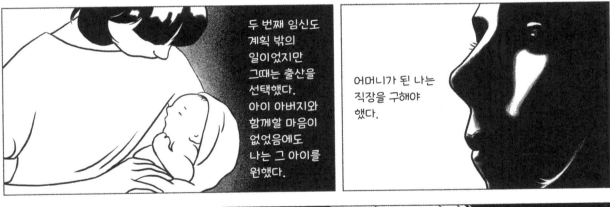

두 번째 임신도 계획 밖의 일이었지만 그때는 출산을 선택했다. 아이 아버지와 함께할 마음이 없었음에도 나는 그 아이를 원했다.

어머니가 된 나는 직장을 구해야 했다.

내가 잘할 수 있는 일이라고는 재봉, 자수, 시 낭송 정도였다. 나는 그 모든 것을 '행복'에게 배웠다.

부르주아 여성교육의 관행대로라면 나의 최종 목표는 법학, 의학, 문학 등을 전공하고 시집을 잘 가는 것이었겠지만 나는 그 교육마저 다 마치지 않았다.

그래서 내가 배운 바를 즉흥적으로 써먹으면서 먹고살았다. 백금발 쇼걸들의 무대의상을 만드는 일이었다.

1989년.

나는 실크스크린 날염 의상 브랜드 론칭을 준비하면서 로고 디자인에 고심하고 있었다.

그러다가 어떤 녹음 스튜디오 문짝에 붙은 그림을 보고서 연락처를 구해 알랭을 처음 만났다.

그는 내 브랜드 이름에 관심을 보이며 그 이름을 선택한 이유를 알고 싶어 했다.

일단은 예뻐서 고른 이름이라고 대답했다. 옷걸이에 걸린 채 손님을 기다리는 옷 이름이 '데지레 무아(désirée-moi)'*라고 생각하면 꽤 괜찮지 않은가?

* '데지레'는 '(부모 혹은 누군가가) 원했던 여자'라는 뜻으로, 여자 이름으로 많이 쓰인다. 또한 '데지레 무아'는 '나를 원해주세요(Désirez-moi)'와 발음이 같다―옮긴이.

알랭은 그런 설명에 만족하지 않았다. 그는 수첩을 펼쳐놓고 왼손에는 짧은 연필을 든 채 더 많은 얘기가 나오기를 기다렸다.

종이상자... 트렁크... 떠돌이 생활... 나는 내 발만 내려다보면서 오랫동안 이야기를 했고 알랭은 그걸 다 메모했다.

그다음 주에 그가 이걸 내밀었다.

그 브랜드는 잘되지 않았다.
내가 홍보를 못해서 실패했을 뿐,
알랭의 로고에는 아무 문제가 없었다.

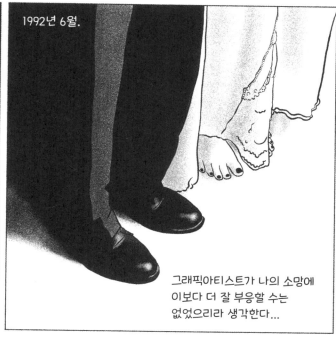

1992년 6월.

그래픽아티스트가 나의 소망에
이보다 더 잘 부응할 수는
없었으리라 생각한다...

나를 받아준 가정은 식구가 늘어났다.

나는 글을 쓰기 시작했다.

알랭이 내 이야기를
그림으로 옮겨준다.

스페인 국무회의는 '배아(잉태된 것)의 생명과 임신부의 권리 보호'라는 법안을 채택한다. 이 법안은 단 두 가지 경우만을 합법적 임신중지로 인정한다.

여성의 신체적·정신적 건강이 위험한 경우에 한하여, 22주 이내의 낙태는 합법이다. 강간에 의한 임신인 경우, 12주 이내의 낙태는 합법이다. 이게 다가 아니다! 전자의 경우 의사와 심리전문가의 소견서를 따로따로 받아 제출할 의무가 있다.

'잉태된 것의 생명'이라니! 어디까지 가려고?

2014년 1월 19일.

파리에서는 낙태반대론자들이 이른바 '낙태의 일반화'에 반대하는 시위를 벌였다. 당시 국민의회는 임신중지 시술에 대한 관리를 되레 더 강화하는 법안을 검토 중이었는데도 말이다.

그 사람만 신나겠네!

'그 사람'이란 스페인 법무장관 알베르토 루이스 가야르돈을 가리킨다.

우리는 유럽 시민의 다수 의견을 반영해 법 초안을 작성했습니다.

이 법의 발기가 유럽의 다른 국가와 다른 의회에도 파급효과를 일으키리라 확신합니다.

가야르돈? 1980년대에 만화잡지 『마드리즈』를 죽어라 때렸던 인간?

도덕과 가정에 반하는 역겹고 불경한 포르노그래피 쓰레기입니다!

오푸스데이*와 모종의 관계가 있다던데!

2014년 1월 29일 목요일 앙굴렘 만화축제.

샤랑트여성연대에서 스페인 여성들을 지지하는 작품들을 모아보려고 합니다. 참여해주시겠어요?

그녀가 블랑딘이다. 우리는 같은 부스에서 작품을 전시하고 있었다.

* '신의 사역(Opus Dei)'이라는 뜻으로 스페인에서 처음 설립된 성직자 자치단체. 교황청이 승인한 유일한 자치단체여서 사실상 비밀결사라는 비판을 받고 있다 — 옮긴이.

스페인이 위험한 옛날식 낙태로 돌아가다니.

나는야 애 떼는 투우사!

만화가 갈루는 이미 그림을 내놓았다.

스페인 여성들은 법안에 반대했다.

넣는 건 우리다! 결정은 우리가 한다!

NOSOTRAS PARIMOS! NOSOTRAS DECIDIMOS!

2014년 2월 1일.

유럽의 모든 주요 도시에서 스페인 여성들을 지지하는 연대 집회가 열렸다.

블랑딘은 우리 부스 옆에 집회 참여를 촉구하는 스테파니 뤼비니의 포스터를 붙였다.

책에 사인을 받기 위해 줄을 서 있던 여성들은 그 포스터에 무관심할 수 없었다.

이게 뭔 일이래요, 역사가 거꾸로 가는 것도 아니고!

우리 브르타뉴에는 낙태 얘기가 별로 없었던 대신에 사산이 많았지요.

여자가 거듭된 임신을 못 견디겠다 심으면 애를 낳아서 방 안에 내버려두고 저절로 죽을 때까지 기다렸던 거예요…

「4개월 3주 그리고 2일」을 봤어요. 루마니아 영화인데 정말 훌륭해요. 그 영화를 보면 임신중지의 자유가 기본권에 속한다는 사실을 뼈저리게 느낄 거예요!

왜 여자만 옷걸이를 쥐고 있나요? 세상 모든 남자가 자기 여자가 날림으로 애를 떼든 말든 개의치 않는 마초 쓰레기는 아니에요! 1970년대 낙태합법화 시위 때도 여성들과 함께 싸워준 남성들이 있었어요.

이 포스터 정말 좋기는 한데 요즘 젊은 사람들에게 와닿지 않을 것 같아요. 그들은 낙태가 법으로 금지되던 시대를 모르잖아요?

다시는 이런 일이 없기를...

스페인과 그 외 국가에서 여성인권이 뒷걸음질하고 있습니다!

2월 1일 대집회 12시 앙굴렘 에르제 광장

남자가 한 명이라도 끼는 순간부터 여성들이 발언하기가 힘들어진다는 걸 잘 압니다! 임신중지는 여성의 권리이고, 아이를 원하든 원치 않든 그건 여성이 결정할 문제입니다.

우리는 앙굴렘에서 돌아와 「위마니테L'Humanité」에서 아니 에르노 인터뷰를 읽었다. 이 작가는 「그 일L'événement」이라는 책에서 자신이 1964년에 받았던 불법 낙태시술에 대해 이야기했다.

사회면 | 낙태의 권리

아니 에르노: "나는 늘 여자들은 아무것도 얻지 못할 거라는 말을 들었다."

Annie Ernaux revient sur l'avortement clandestin qu'elle avait subi en 1964, et raconté dans son livre l'Événement. L'écrivaine alerte sur ce que veut dire absence de loi et ce que signifie être totalement dans

ENTRETIEN

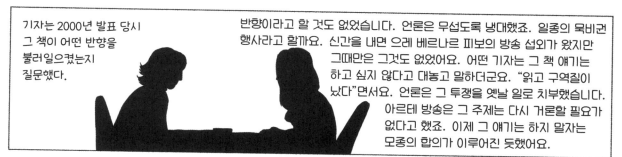

기자는 2000년 발표 당시 그 책이 어떤 반향을 불러일으켰는지 질문했다.

반향이라고 할 것도 없었습니다. 언론은 무섭도록 냉대했죠. 일종의 묵비권 행사라고 할까요. 신간을 내면 으레 베르나르 피보의 방송 섭외가 왔지만 그때만은 그것도 없었어요. 어떤 기자는 그 책 얘기는 하고 싶지 않다고 대놓고 말하더군요. "읽고 구역질이 났다"면서요. 언론은 그 투쟁을 옛날 일로 치부했습니다. 아르테 방송은 그 주제는 다시 거론할 필요가 없다고 했죠. 이제 그 얘기는 하지 말자는 모종의 합의가 이루어진 듯했어요.

그 경험을 다시 끄집어낼 필요가 있었나요?

증언을 하고 싶었어요. 내 삶을 극단적으로 바꿔놓은 경험이거든요. 그 일 이전의 나와 이후의 나는 다른 사람이에요. 그래서 제목이 '그 일'인 거죠. 나는 상상하지 못한 것, 들어보지 못한 것에 직면했어요. 죽을 수도 있다는 걸 알지만 그래도 죽음과 마주할 때가 있죠. 낙태시술자의 연락처를 아는 사람, 비용을 빌려줄 사람을 찾는 과정에서 무법이 무엇인지, 불법을 저지른다는 게 어떤 의미인지 이해하기란 쉽지 않아요. 내가 살던 이브토에서는 어떤 여자가 낙태시술을 받다가 죽었지요. 두 아이의 엄마였어요.

나는 조금도 부끄럽지 않았어요. 오히려 나의 낙태를 둘러싼 침묵이 더 고통스러웠지요. 낙태를 경험한 여성들은 먹먹한 고독에 둘러싸입니다.

산부인과에서 나와서 다이어리에 이렇게 쓰셨지요. "임신했다. 끔찍한 일이다."

그 문장은 앞으로 겪을 일에 대한 두려움을 표현한 건가요?

스물세 살에 임신을 유지한다는 건 내 미래를 말아먹는다는 뜻이니까요.

앙굴렘에서 블랑딘의 요청을 받고서 나는 특히 부모가 바라지 않았는데 태어난 아이들을 생각했다. 그래서 나는 "바라지 않았던 아이 데지레"라고 서명했다.

정말로 바라던 아이든가, 태어나지를 말든가.

2014년 1월, (바라지 않았던 아이 데지르시 & 알랭 프라피에

나는 아니 에르노의 『그 일』을 읽으면서 어머니들을 생각했다.

아이 셋이 위층에서 노는 동안 홀로 욕실에서 애를 뗐던 나의 어머니를 생각했다.

피임도 불법이고 낙태는 국가에 반하는 범죄로 치부되던 시대에 태어난 세 아기. 그 시대에 원치 않는 임신을 중단해야겠다고 생각한 여성들은 죽을 각오를 하고 괴상망측하고 고통스러운 방법에 의존했다.

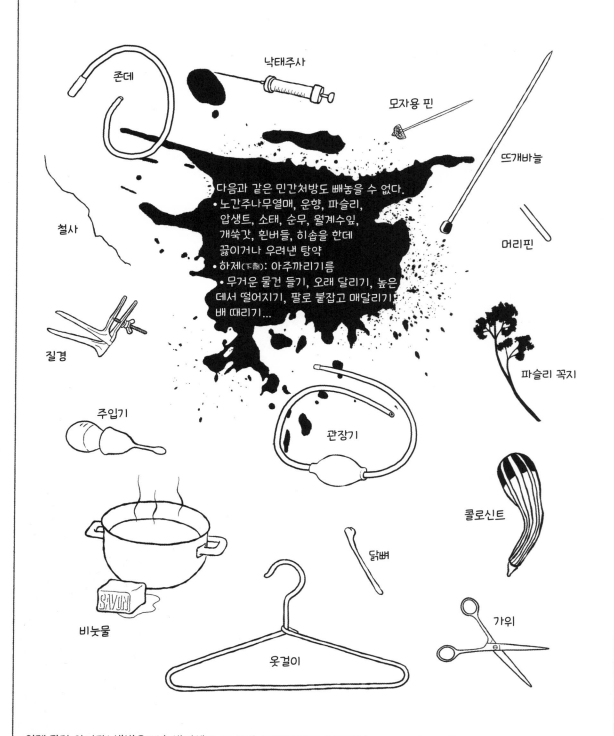

다음과 같은 민간처방도 빼놓을 수 없다.
• 노간주나무열매, 운향, 파슬리, 압생트, 소태, 순무, 월계수잎, 개쑥갓, 흰버들, 히솝을 한데 끓이거나 우려낸 탕약
• 하제(下劑): 아주까리기름
• 무거운 물건 들기, 오래 달리기, 높은 데서 떨어지기, 팔로 붙잡고 매달리기, 배 때리기…

존데

낙태주사

모자용 핀

뜨개바늘

철사

머리핀

질경

파슬리 꼭지

주입기

관장기

콜로신트

비눗물 SAVON

닭뼈

가위

옷걸이

이게 다가 아니다! 방법은 계속 발전했다. 1943년, 페탱 장군의 비시 정부는—자기네는 어린아이 수천 명을 강제수용소로 보낸 주제에—낙태시술자에게 사형을 언도했다. 마리루이즈 지로와 데지레 피오주가 실제로 처형당했다.

문헌자료를 거슬러 올라가보면 낙태를 했다는 이유로 실형을 선고받은 여성들을 찾아볼 수 있다.

자비에르 고티에, 작가이자 기자.

당시에 외과 실습에 들어간 어느 의사는 아르바이트 외래 당직을 뛰면서 "범죄적 낙태"의 희생양이 된 여성들을 치료하는 것을 주 업무로 삼았다.

쟈크 밀리에, 1962년 파리시 병원 다수에서 외래의사로 근무.

1966년 어느 병원에서 외래의사를 하면서 낙태를 잘못해 패혈증에 걸린 여성들을 치료했습니다. 얼마나 많은 여성이 목숨을 잃었는지 몰라요. 나는 정말로 충격을 받았습니다.

모니크 발랑티노, 릴라 조산원 마취과 전문의.

그래서 우리 눈에 임신중지는 생사의 문제로 비쳤습니다. 여성들의 생명이 의료시설 외부의 낙태시술로 위험에 빠지지 않도록 하는 것이야말로 우리 의사들의 의무라고 생각했지요. 그게 우리의 목표였고 의학이 가야 할 길이었습니다.

여자가 출산을 원치 않을 때에는 무슨 일이라도 할 수 있습니다! 절망에 빠진 여자가 병원에 가서 어떤 대우를 받았는지 여러분은 모를 겁니다! 정말 불쾌한 경험이었죠!

소라니 블랑, 간호사, MLAC 활동.

남자 인턴들은 낙태하러 온 여자를 '매춘부' 취급했어요. 그들이 이렇게 떠드는 말을 들은 적도 있죠. "마취도 해주지 말아야 해. 맨정신으로 소파수술을 받아봐야 정신 차리지."

그들은 대부분 대대로 의사 집안에서 태어나 자기 잘난 줄만 알고 남들은 업신여기는 왕재수들이었죠!

나는 지금도 죄책감을 느낍니다. 애는 우리 둘이서 만들었는데 나는 살았고 아내만 죽었어요.

으레 그렇지만 여자들이 치러야 하는 대가가 너무 큽니다.

안토니오 오테로. 그의 아내 클로티드 보티에는 불법 낙태시술로 목숨을 잃었다.

나와 같은 세대 여자라면 누구라도 불법 낙태에 대해서 할 말이 있을 겁니다.

임신으로 판명되면 그중 절반은 낙태를 했으니까요.

조엘 브뤼네리, 낙태시술 의사 331인 선언에 참여한 부인과 전문의.

병실에서 여자들은 효과가 좋은 피임법이나 낙태법을 서로 알려주곤 했어요. 우리 여자 외래의사들조차 정보를 얻으려고 귀를 기울였죠!

당시의 공동 병실은 그랬어요. 여자들은 자연유산이라고 우기면서 눈물을 흘리곤 했죠.

조슬린 로랑스, 파리시 가족계획부 고문.

경찰이 병원에 와서 차트를 확인했어요.

나도 원치 않은 임신을 한 적이 있어요. 남자친구가 근육주사를 놔줬지만 아프기만 하고 아무 효과가 없었어요.

그래서 그 사람이 자기 손으로 직접 존데를 썼죠. 어머니가 알까 봐 피가 많이 흐르는데도 씻고 닦는 것만 신경 썼어요. 피가 또 흐르면 또 닦고… 그러다 출혈이 심해지고 감염까지 됐죠. 결국 병원에 실려 가 수혈을 받았어요. 나는 알레르기가 있어서 페니실린도 못 썼어요.

여자가 낙태 때문에 죽는 꼴을 한두 번 본 게 아니어서 너무너무 무서웠어요!

의사 놈들은 결석 사유로 제출하는 입원확인서에 떡하니 '자궁 검사'라고 썼어요. 의대에서는 그게 '낙태'를 뜻한다는 걸 누구나 알고 있었죠.

교수들에게 확인서를 냈더니 사람을 면전에 두고 킬킬대더군요.

어쨌든, 내가 정말로 죽을 수도 있었는데 아무 말도 할 수 없었죠. 나 역시 '마취 없이 소파수술을 당해도 싼 매춘부' 취급을 당하는 것 같았어요.

프랑스에서 처음으로 카먼 방법 시술을 할 때 나도 참석했습니다. 장소는 델핀 세리그의 아파트였죠.

피에르 주아네, 낙태시술 의사 331인 선언에 참여한 파리의 산부인과 전문의.

나는 정말로 중요한 순간을 목격했다고 생각합니다. 카먼 방법은 임신중지가 여성에게 정신적 외상을 입히지 않고 몇 분 안에 안전하게 이루어질 수 있음을 보여줬어요.

베유 법안은 완전하지는 않을지언정 혁명적이었어요. 시몬 베유가 그랬죠. "결정은 여성이 혼자 합니다. 일부 국가에서처럼 남편의 동의나 배심원들의 판결을 구할 필요가 없습니다." 그래요, 그게 정말 혁명적이었죠!

100여 년 전에 시몬 베유를 만나서 그 시절을 회상한 적이 있어요. 그녀는 의사들뿐 아니라 우리 같은 여성운동가들도 카먼 방법을 시술한다는 사실이 합법화를 밀어붙이는 한 방편이 되었다고 인정하더군요.

안 주베르. MLAC 파리에서 활동.

임신중지가 공공보건법 안으로 들어오면서부터 시술을 받다가 죽는 경우는 거의 없어졌어요.

나는 아주 특수하면서도 꼭 필요한 일을 한다고 생각해요. 정서적으로나 성생활적인 면에서나 여성들과 매우 긴밀한 유대를 맺는 일이죠.

진정 특별하고도 풍요로운 참여입니다.

도미니크 플라토, 임신중지 전문 부인과의.

앙굴렘에서 돌아오자 숱한 기억들이 표면으로 부상했다.

그리고 기만적인 '음해 공작들'*도 기억났다.

*「시몬 베유, 한 여성의 법」(2007), 카롤린 위페르 감독의 다큐멘터리 영화.

생명의 권리

시몬 베유를 명가한다; 60만 명의 프랑스 예비 국민들이 태어나지도 못한 채 살해당했다. 그들은 아우슈비츠 수용소조차 가볼 수없으리라!

단골 담배 가게 문짝에 이 포스트잇이 주인도 모르는 사이에 붙어 있었다.

악의 어린 신념은...

금지하라

낙태는 살인
LAISSEZ ~ LES VIVRE
낙태는 살인
LAISSEZ ~ LES VIVRE
낙태는 살인
LAISSEZ ~ LES VIVRE

우리에게 자기 십자가를 지라고 한다.

전 세계에서 매년 5만 명 이상의 여성이 불법 낙태로 목숨을 잃는다. 이것은 10분에 1명꼴로 사망한다는 뜻이다. 낙태는 800만 명에게 후유증으로 인한 장애를 남겼고 모성 사망 원인의 13퍼센트를 차지한다. 아프리카 일부 국가에서는 여자아이 4명 중 1명이 조기 임신으로 학업을 중단한다.

"인간의 비참이 늘어나고 한 사람이 모진 가난에 몰리는 것보다, 우리가 최소한의 인간적 삶을 제공할 수 없기에 배아의 성장을 중단시키는 것을 신이 왜 더 불쾌하게 여기실 거라고 말하는지 의아할 뿐입니다. 도대체 신을 어떻게 생각하기에...."**

**「렉스프레스」 1974년 11월 25일자.

나는 이 기억들이 모두 되살아났으니 하나의 이야기를 만들 수 있겠다 생각했다.

예전이 어땠는지 말해줄 수 있는 이야기를.

모든 것이 너무 빨리 잊히니까!

다음번 만화축제에서 우리는 어느 작은 출판사와 부스를 함께 썼다.

그대 눈 속에

사용 설명서 없는 인생 우라질 1980년대!

그 출판사 인턴사원이라는 캉탱은 이제 막 경영대를 졸업한 청년으로 만화축제에 처음 와본다고 했다.

그래, 다음 작품은 뭐야?

베유 법 가결 이후 40년을 살펴보려고 해.

의회에서 쟈크라는 의사가 "나치의 소행과 다를 바 없는, 법의 탈을 쓴 조직적 야만"이라고 규탄했던 게 기억나는구먼!

릴라 조산원의 설립자 피에르 부탱과 그 부인을 알고 지냈어요.

굉장히 좋은 사람들이었고 부부가 아주 일심동체였죠.

그 얘기도 할걸요!

우리는 오기노*와 오기네트니까.

* 오기노법: 여성의 배란기 계산을 기본으로 하는 자연피임법.

왜 '오기노와 오기네트'라고 하는 거죠?

피임약과 낙태가 없던 시절의 자연요법이거든.

의자에 앉아 있던 청년이 갑자기 딱딱한 표정이 되었다.

아! 저는 낙태에 반대해요!

단정한 옷차림의 귀엽고 싹싹하고 태평하던 청년이 갑자기 나에게 임신중지 수술 반대론을 줄줄 읊기 시작했다.

그는 낙태반대론을 제대로 배운 적이 있는 듯했다. 나는 저 청년이 바지 뒷주머니에서 피투성이 태아 사진을 꺼내 내게 들이밀지 않을까 겁이 났다.

나는 내가 할 수 있는 한에서 대답을 했다...

하지만 그 후에 이 문제를 잘 아는 사람들을 많이 만나봤고 관련 자료들도 찾아봤다.

나탈리 바조스,
사회학자, INSERM 소속
인구통계학자.

조엘 브뤼네리,
부인과 전문의.

브리지트 도뒤,
MLAC 파리에서 활동.

준비에브 들레지 드 파르스발,
정신분석가, 인문학 연구자.

이브 뒤메,
부인과 전문의.

안 파고라르조,
철학자, 정신과 전문의.

미셸 페랑, 사회학자,
CNRS 소속 책임연구원,

지네트 피케, 가톨릭 신자,
MLAC 젠빌리에에서 활동.

프랑시스 카플랑,
철학자.

마리피에르 마르티네,
가족계획운동 사무국장.

자크 밀리에,
산부인과 전문의.

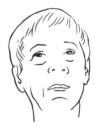

도미니크 플라토,
부인과 전문의.

75

나는 메모를 했다.

사람 일은 모르는 거다. 언젠가 시내에서 저녁을 먹다가
이 자료를 써먹을 일이 있을지 어떻게 아나.

임신중지가 죄라는 생각은 우리에게 깊숙이 배어
있습니다. 압력집단이 그 생각을 끊임없이 환기하고
전달하고 확대하니까요.

지금 낙태를 하고 4년 후에 다시 애를
갖겠다는 여자들, 구역질나요!

이미 직장이 있고 파트너와 2년간 지속적인 관계에
있는 28세 여성이라면 24세 여대생보다 계획에
없던 출산을 훨씬 더 잘 감당할 수 있으니까요. 모든
것을 포기하고 엄마가 되기보다는 학업과 취업에
우선순위를 두는 겁니다.
출산과 육아는 일반적으로 여성의 사회생활에
부정적인 효과를 미치는 반면, 남성의 사회생활에는
긍정적인 효과를 미치지요.

그 여자들은 아무렇지도 않게
낙태를 한다고요!

임신중지는 가벼운 마음으로, 생각 없이,
일시적인 기분으로 할 수 있는 일이 절대 아닙니다.
여자들이 하찮은 핑계 때문에 애를 떼는 게
아니라고요. 그리고 나는 여자들의 잘못이 아니라고
단언할 수 있습니다. 그때는 학교에 성교육도 없었고,
임신 가능성이나 임신 초기 징후에 대해서 가르쳐주는
이도 없었어요.
배란기 계산이나 피임법도 완전하지 않습니다.

낙태죄를 연달아 다섯 번이나
저지른 여자들은 뭔데요!

'죄를 저지르다'라는 표현에 어폐가 있군요. 임신을
중단한 여성에게 그렇게 죄의식을 조장하는 표현을
쓰는 게 충격적인데요.

연달아 다섯 번이라?
나는 그런 예를 본 적 없습니다만!

생명체를 그런 식으로 죽이게끔 허용해선
안 돼요!

24주까지는 배아의 생존 여부를 아무도 장담하지
못합니다. 수정란이 착상되자마자 생명체라고
생각하는 사람들이 있다는 게 오히려 놀랍군요.
생존 여부 자체도 모르는 생명체 개념은 좀 이상하지
않은가요?

일단, 수정 후 나흘까지의 배아는 확실히 생명체가
아닙니다. 그냥 세포하고 똑같은 상태니까요.
열흘까지도 생명체로 볼 수 없습니다. 진정한
의미에서의 한 개체가 아니니까요. 둘이 될지, 셋이
될지, 넷이 될지 모르는 겁니다.
나아가 초기 3개월까지도 배아는 뇌 활동이 전혀
없기 때문에 생명체라고 하기는 뭣합니다. 성인도
뇌사 상태면 의학적 사망으로 간주합니다.

인공중절수술이 연간 20만 건 이상 이루어
진다는 거 아세요? 너무하잖아요.
왜 이 수치가 떨어지지 않는데요?

하지만 그 수치는 안정적입니다. 모 보고서에
따르면 계획에 없던 임신을 한 여성 10명 중 4명은
임신중지를 택했다고 합니다. 지금은 10명 중
6, 7명으로 늘어났는데, 이것은 인구 증가에 따른
변화로 볼 수 있습니다. 피임법이 발달하면서
계획치 않은 임신이 줄었지만 그래도 임신을 했다면
임신중지를 택할 수 있게 됐어요. 선택의 여지가
커졌다고 봐야겠지요.

여자친구가 간호사인데 다섯 달 된 낙태
아와 네 시간 동안 같은 공간에 있었대요.
그 엄마는 단지 기형아라는 이유로
낙태를 했다나요.

다섯 달이라고요? 그 경우는 의료행위로서의
임신중지입니다. 태아에게든 산모에게든 의료진이
심각한 병인(病因)을 발견했다면 임신중지를
의료행위로서 요청할 수 있습니다. 그러한 요청은
산모를 직접 진료하지 않는 다른 의사들의 심의를
거칩니다.

그럼 유의 선택이 우생학과 뭐가 달라요!

내 생각에 우생학은 잘난 인간을 낳으려는 겁니다. 골라서 낳느냐, 아니면 비극을 피하기 위해 임신을 중단하느냐. 개별적 차원에서, 즉 한 커플과 한 의사라는 각각의 경우에서, 배아 혹은 태아의 삶이 비극이 될 것으로 예상된다면 그 커플과 의사는 측은지심에서라도 임신중지를 선택할 수 있다고 생각합니다.

아이가 살 건지 말 건지를 왜 부모가 선택합니까?

그럼 배아가 합니까?

배아가 어떻게 생각을 합니까?

낙태는 피임 비슷한 것, 편리한 해결책으로 전략했어요.

법이 바뀌려고 하자, 이제 여자들이 힘든 걸 몰라서 애만 생겼다 하면 낙태를 할 거라고 떠들어대는 사람들이 있었지요. 그다음에는 편의적 낙태라는 말이 나왔습니다.
'편의적 낙태'라고요! 나는 단 한 순간도 그런 게 가능하다고 믿을 수 없었습니다. 그런 예는 평생 한 번도 본 적 없거니와, 앞으로도 불가능할 거라고 단언합니다. 임신중지가 얼마나 힘든 건데 그런 소릴!

피임을 하면 되는데 왜 낙태를 합니까?

100퍼센트 완벽한 피임은 없으니까요. 피임을 하는데도 임신중지를 할 수밖에 없는 여성들이 많아요. 피임법을 지키는 과정에서 문제에 부딪힌 거죠.

피임을 계속하는 게 그렇게 쉬운 일이 아닙니다. 하루이틀로 끝나는 일이 아니라 15세에서 50세까지, 때로는 그 이상도 해야 한다고요!

이건 윤리의 문제죠. 낙태시술을 거부하고 양심의 법을 따르는 의사들도 있어요.

그들이 꼭 낙태반대론자라고 할 순 없습니다. 그냥 기술적인 측면에서 관심이 없어서 거부하는 의사들도 많아요. 자궁에 도구를 집어넣어 흡입하는 걸로 끝이니까요.

전 가톨릭 신자예요. 그러니까 당연히…

나도 가톨릭 신자예요! 우리 교구에는 노동사목을 하는 신부님들이 여럿 계셨는데 그분들 덕분에 많은 것을 새로이 생각할 수 있었답니다. 내가 생각하는 가톨릭은 인간을 바로 세우는 일을 합니다.

그리스도교인들도 유산된 태아나 배아를 위해서 세례식이나 장례식을 치르지는 않습니다. 병원, 특히 가톨릭 재단 병원에서도 유산된 태아나 배아는 다른 인체 조직과 함께 소각합니다.

하지만 그리스도교에서는 모든 인간이 세례를 받아야 한다고 하지요…

낙태반대론자가 못마땅하게 여기는 부분은 배아의 생명보다 여성의 권리와 더 상관이 있지요. 그들은 '왜 저 여자가 결정을 해? 자기가 도대체 뭔데!'라고 생각하지요.

여자들이 아이를 지킬 수 있도록 도와야 합니다.

그래서 일단 낳은 아이는 누가 키우는데요? 육아는 절대로 만만한 일이 아닙니다! 자기가 아이를 키울 상황과 역량이 되는지 안 되는지는 여자들이 알아요.

임신 초기 여성에게 그런 제안을 한다는 건 비인간적이고 있을 수도 없는 일입니다.
그런 식의 거래를 받아들이는 여자는 본 적이 없어요.
출산이 임박한 때라면 가능할지 모르겠습니다만.

병원은 아픈 사람을 치료하는 곳 아닌가요?
임신이 병도 아닌데 왜 병원에서 임신중절수술을
해줍니까?

 좋아요, 그렇다면 병원에서 애를 낳는 것도 안 되겠네요!
진짜 문제는 의대 예과에서 피임과 임신중지를 너무
허술하게 가르쳐서 산부인과를 제외한 다른 과 의사들이
아는 게 없다는 겁니다. 그리고 역사적으로 의사들은,
이념적 투사가 아닌 한, 낙태수술을 하지 않으려는
입장이었어요. 하지만 의사들도 돈 되는 일을 놓칠 것
같으니까 어떻게 나왔는지 돌이켜보시죠…

 피임과 임신중지는 사회 통제의 중계자로서 의료
권력이 관장했지요.

 그 때문에 우리 MLAC 투사들은 베유 법안에 만족할 수
없었던 거예요. 우리에게 그 법은 절반의 성공이었죠.
우리는 여성들이 획득한 권력을 의사들에게 넘기고 싶지
않았어요. 더구나 우리가 의사들보다 더 일을 잘했거든요!
우리에겐 "우리 몸은 우리가 알아서 한다"라는 유토피아적
이상이 있었어요.*
MLAC와 그 외 몇몇 단체는 베유 법안이 가결된 후에도
시술을 거부하거나 카먼 방법을 거부하는 병원들에게
압력을 가하기 위해 병원 외 임신중지 시술을 계속했어요.
카먼 방법은 우리에게 '투쟁적 실천'이었죠.
지금은 의료시설이 갖춰진 곳에서 전문 의료인들이 시술을
하는 게 맞다고 생각해요.

* 이 책 94쪽을 보라.

 나는 1978년부터 줄곧 한 병원에서 임신중지 수술을
집도했는데, 교대 의사를 찾기가 정말 어려웠어요.
의료계에서 임신중지 수술은 정말 인기가 없는 일거리에
해당하지요.

 우리는 거꾸로 가고 있어요. 효율성의 문제인지,
수익성의 문제인지 모르겠지만요.

귀엽고 싹싹하고
태평하던 청년에게
내가 정말로
하고 싶었던 말은
40년 전 내 침대 위에
붙여놓은 포스터 속에
이미 있었다.

나도 나를 원할 때
태어나는 게
훨씬 더 좋아요.

나는 행복이 이 이야기를 맺어주기를 바랐다.
정당한 선택을 바탕으로 삼아 이룩한 행복이.

여름을 닮은 가을 어느 저녁,
식당 테라스에 앉아 있던 우리 앞으로
문득 그런 행복이 지나갔다.
생말로에서였다.
갈매기들은 울어대고
모래에 부서지는 파도 소리가 들렸다.

행복은 그녀였다.
행복은 그였다.
행복은 그들이 서로 꼭 잡은 손이었다.
그들의 걸음이 너무 빨라서
나는 그들을 놓치지 않으려고 뛰어가야 했다.
그들을 안아주고 싶었다.
지금까지 나는 그들과 전화로 대화를 나눠왔다.
처음에는 남자 쪽과 얘기를 했다.
『선택』의 초안도 그에게 보여줬다.

그는 이 책의 주제가 매우 흥미롭고
'중요하다'고 말해주었다.
그러면서 임신중지 수술을 위한 첫 진료 약속을 잡고서
아내와 함께 병원을 찾았을 때
그들이 어떤 대우를 받았는지 말해주었다.
나는 얼른 스피커폰을 켜고
우리의 대화를 녹음했다.
며칠 후에는 아내 쪽과 통화를 했다.

1995년의 일이다.
우리 어머니가 첫 임신을 한 때로부터 38년이 지났다.
베유 법안이 적용된 때로부터 20년이 지났다.

그는 대본작가였고
그녀는 영문학을 공부하는 학생이었다.
그들의 삶에는 바람과 계획이 가득했다.
나는 곧바로 떠올리지 않을 수 없었다.
영화감독 어시스턴트와 영문과 여대생이 주고받은 편지들을…
차츰 김이 빠지고 시들해지다가
결국 나의 옛날 집 다락방에 처박히고 만 편지들을…

마리와 사귄 지 6개월쯤 됐을
때였죠. 마리의 아버지는
의사였는데 피임약이나 담배나 몸에
해롭기는 마찬가지라고 하셨어요.
그래서 우리는 콘돔을 썼죠.

하루는 마리의 부모님 댁에
가면서 콘돔 가져가는 걸
깜박했어요.

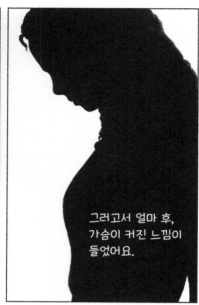

그러고서 얼마 후,
가슴이 커진 느낌이
들었어요.

하늘이 무너지는 것 같았죠!

넌 이제 다 컸잖아.
똑똑하고 분별도 있으면서 왜…

애가 어떻게
생기는지
너도 다 알잖아…

헉!

망했다,
나 큰일 났구나,
라는 생각이
들었어요…

에라스무스 장학생으로
1년간 영국에서 공부할
예정이었거든요.

오래전부터,
아당을 만나기 전부터
계획해놓은 일이었어요.

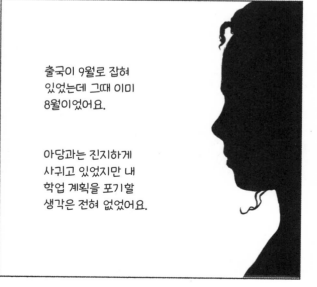

출국이 9월로 잡혀
있었는데 그때 이미
8월이었어요.

아당과는 진지하게
사귀고 있었지만 내
학업 계획을 포기할
생각은 전혀 없었어요.

나는 23세, 마리는 20세밖에 안 됐지만 나는 별로 두렵지 않았습니다. 우리 부모님도 젊을 때 나를 낳았지만 행복한 가정을 이루고 나를 잘 키워주셨거든요.

나는 학업을 계속하면서 일도 하고 있었고 만약 아이가 생기면 더 열심히 일할 작정이었어요.

아이를 낳는다는 건 모험이죠. 그리고 난 모험을 좋아하는 편이었거든요!

하지만 아이 하나를 키우려면 부모가 한마음이 되어야 한다는 확신도 있었습니다.

마리가 아직 준비가 되지 않았다는 것은 잠시만 생각해보아도 알 수 있었죠.

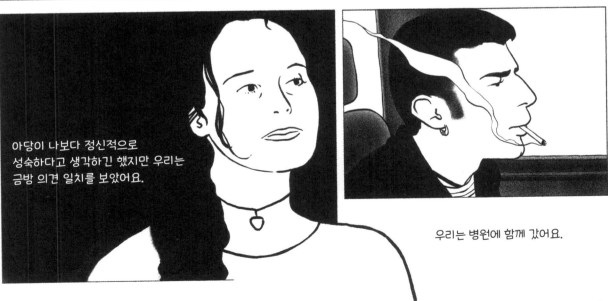

아당이 나보다 정신적으로 성숙하다고 생각하긴 했지만 우리는 금방 의견 일치를 보았어요.

우리는 병원에 함께 갔어요.

의사가 마리를 부르러 왔기에 나도 진료실에 같이 들어가려고 일어났습니다. 의사가 나를 바로 내치더라고요. "안 돼요! 안 됩니다! 밖에서 기다리세요!"

대기실에는 배가 꽤 부른 여자들밖에 없었습니다.

여덟 명이 나를 빤히 쳐다보는데 왠지 쥐구멍에라도 들어가고 싶었어요.

20분쯤 지나서 의사만 나오고 마리는 나오지 않았어요. 의사는 나에게 눈길 한번 주지 않고 다음 사람을 부르더군요.

내가 따라가서 마리는 어디 있느냐고 물었어요.

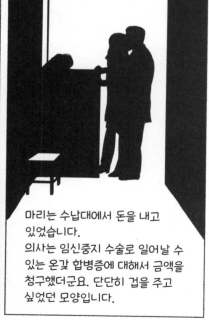

마리는 수납대에서 돈을 내고 있었습니다. 의사는 임신중지 수술로 일어날 수 있는 온갖 합병증에 대해서 금액을 청구했더군요. 단단히 겁을 주고 싶었던 모양입니다.

돌아오는 내내 짜증이 나더군요.

결국은 다 잘됐고, 나는 9월에 예정대로 영국으로 떠났어요.

공부를 마치고 원하던 분야에서
일자리를 얻었어요.

죄책감은 없어요.
그 일을 후회하지도 않아요.
그 일이 지금의 나를 만들었어요.

그 사건이
아주 많은 생각을
불러일으켰어요.
깨달은 바가 많아요.

그때 우리는 연애 초기였어요.
우리가 얼마나 생각이 잘 통하는지 알게 되었죠.

아이를 갖고자 하는 바람에 대해서도 그때부터 진지하게 생각할 수 있었어요.

마침내 부모가 되기로 결심했을 땐, 우리 둘 다 준비가 되어 있었어요.

돌이켜보면, 1995년 8월에 자리 잡기 시작한 여러 생각들이 지금의 우리를 만들었어요.

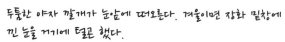
"나는 내 계획을 포기하지 않을 거야…"

두툼한 야자 깔개가 눈앞에 떠오른다. 겨울이면 장화 밑창에 낀 눈을 거기에 털곤 했다.

우리 어머니를 기억한다. 어머니의 어린 시절, 생쉴피스 교회에서 불렀던 「장군님, 우리가 여기 있습니다」, "입 모양을 예쁘게 만들어주는 단어들"이라는 이유로 거울 앞에서 연신 발음하던 '파파-퐁-풀-뜨뢴-뜨리즘',

인도차이나에서 뜨개바늘에 희생된 어머니의 코오빠, 어머니의 요리책, 어머니처럼 교육받고 결혼하고 애를 낳았던 이모들을 기억한다.

호된 대가를 치렀던 반항을, 에토레 스콜라 감독의 「특별한 날」에 나왔던 소피아 로렌을 기억한다.

어머니는 그 영화에서 자신의 어머니 모습을 보았다. 내 여동생이 태어나기 몇 달 전에 외할머니가 갑자기 돌아가셔서 모녀가 화해할 가능성은 영영 사라지고 말았다.

우리 넷이 관심을 요구할 때마다 어머니가 으레 하던 그 말을 기억한다. "나도 좀 살자!" 어머니가 좋아했던 책들을, 장 자크 루소를 기억한다. 어머니는 바랑* 같은 존재가 되고 싶었을 것이다. 낡고 쇠락한 집, 이룰 수 없었던 꿈의 빈껍데기, 현관 깔개 밑에 처박아야만 했던 어머니의 계획들을 나는 기억한다.

* 장 자크 루소의 연인인 프랑수아즈루이즈 드 바랑. 14세 연상으로 어머니와 같은 사랑으로 루소를 보살피고 고전과 음악을 가르쳤다—옮긴이.

에필로그

창들이 열려 있다.

마룻바닥에 비치는 햇살이 동그라미를 그린다.
안에 있으면 따뜻하다. 위에서 먼지가 춤을 춘다.

가볍게 순환하는 공기가 바깥의 향기를 전해준다.

창가에서 파리 몇 마리가 맴돌다가 날아올랐다 내려앉았다 한다.
파리의 날갯짓 소리가 멈출 때마다 저 멀리서 일하는 트랙터 소리가 들린다.

거미줄에 걸린 뒝벌 한 마리가 힘없이 꿈틀거린다.

집에는 아무도 없다...

부모님을 생각할 때면
행복의 침대 머리 위에 걸려 있던 아기를 안은 어머니 그림이,
'원죄 없이 잉태한 마리아'를 믿었던 시절을 생각할 때면
누벨바그 영화 비슷한 느낌의 많은 장면들이 떠오른다.
이제는 존재하지 않는 과거의 흑백 화면에 내가 비친다.

맨 처음 들리는 건 웃음소리,
셔틀콕이 채에 부딪히는 짧고 무딘 소리.
그들이 배드민턴을 친다.
여자가 이겼다. 그녀는 배드민턴채를 내던지고 도망가는 시늉을 한다.
남자가 그녀를 쫓아간다.
여자가 웃으면서 문을 지나 들판으로 달려간다.
흙계단을 뛰어 올라가는 여자를 남자가 붙잡았다.
여자가 넘어지면서 비명을 지른다.

두 사람은 마구간의 빨갛게 칠한 문짝에 나란히 기대어 앉았다.
오른손을 무늬말벌에게 쏘인 여자는 아픔을 못 이겨 운다.
무늬말벌에 쏘이면 굉장히 아프다. 게다가 위험하기도 하다.
서로 다른 종류의 무늬말벌 두 마리에게 쏘인 사람은 죽을 수도 있다.
우리 셋 중에서 맏이였던 오빠가 아직 어릴 때였다.
오빠가 어머니에게 다가가 뺨에 흘러내리는 눈물을 손가락으로 따라갔다.
"뭐예요, 이거? 어른도 울어요?"

배드민턴 네트는 마당에 오랫동안 걸려 있었다.
나는 장 콕토의 영화 「미녀와 야수」에서처럼 그 네트가 낡아지고 닳아빠져 투명해졌다가
결국 사라지는 것을 보았다.

우리 부모님이 함께 웃던 그날, 그저 함께하며 즐거웠던 그날의 증거는
이제 아무것도 남지 않았다.

해마다 20만 명 이상의 프랑스 여성이 임신중지를 합니다.
이 여성들은 변명하거나 죄책감을 느낄 필요가 없고,
용서를 구할 필요도 없습니다.
임신중지는 권리입니다.
여성들의 선택의 문제인 것입니다.

−마리피에르 마르티네, 가족계획운동 사무국장

여성들은 생명과 죽음을 좌우하는 그네들의 무서운 능력으로
인하여 태초부터 남성들에게 통제당하고 지배당했지요.

−낸시 휴스턴, 『여섯 살』작가

보너스

희소식이야!
스페인 여성 동지들이
승리했어!
가야르돈의 법안은
파기됐어!

'잉태된 것의 생명과
임신부의 권리 헌법'인가
뭐시기인가 말이지?

알베르토 루이스 가야르돈이
실망한 나머지
장관직 사임하고
정치를 은퇴한대!

하지만 스페인 정부는 미성년자가 부모의 허가 없이
임신중지를 하지는 못하게 했다.

당대의 자료

『**피임과 낙태의 실질적 문제들**Questions pratiques sur la contraception et l'avortement』1976년 MLAC 마르세유 지부가 펴낸 홍보 책자로, 주간지 『라 크리에La Criée』의 부록으로도 나왔다. 나는 책자를 읽고서 MLAC 여성운동가들이 베유 법안의 어떤 면에, 어떤 이유로 실망했는지 비로소 이해했다. 이 첫 번째 자료는 파트리크 보뷜레스코에게 제공받았다. 그가 소르본 대학 근처에서 운영하는 인문학 서점 '르 푸앵 뒤 주르'는 놀라운 소장도서 목록, 그리고 책들이 부대끼면서 제자리를 찾아가는 방식 때문에 대체 불가능한 장소다.

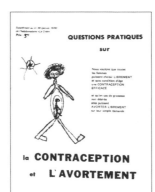

『**네, 우리는 낙태를 합니다!**Oui, nous avortons!』GIS 1973년 1/4분기 특별호로 나왔다. 삽화를 포함한 일종의 실용적 개론서로 피임 정보, 카먼 방법에 대한 설명, 외국에서 임신중지 시술을 받을 수 있는 병원 주소 등이 실려 있다. MLAC 벨빌메닐몽탕 지부에서 활동했던 브리지트 도뒤가 이 자료와 이후의 다른 자료들도 제공해주었다.

『**우리 몸은 우리 자신이다**Notre corps, nous-mêmes』1971년 미국 보스턴 총서에서 여성 건강을 위해 펴낸 전설적 자료다. 이 책은 "여성에 의해, 여성을 위해, 우리 모두 우리 몸을 잘 알아야만 더 잘 쓸 수 있고 더 잘 누리고 살 수 있다는 절박한 필요에 부응하고자" 집필되었다. 1977년 한 여성단체의 주도로 프랑스 실정에 맞게 번역, 소개되었다.

『**피임 실전 가이드북**Questions pratiques sur la contraception』1975년 MLAC 파리 19구 지부가 펴냈다. 내가 피임을 하고도 두 번째 임신을 할 수밖에 없었던 원흉인 '타-로(TA-RO)'라는 약국 시판용 피임약 이름을 이 홍보 책자에서 발견했다. 이 책자에서 이미 "이 약은 조심하는 편이 낫다. 게다가 가격도 굉장히 비싸다"라고 경고하고 있었다!

『**MLAC는 노래한다, MLAC는 투쟁한다, MLAC는 지속된다**Le MLAC chante, le MLAC lutte, le MLAC continue』1975년에서 1977년까지 MLAC 파리 12구에서 만든 노래집이다. MLAC 엑스 지부 회원들의 재판 비용을 지원하기 위해 출간, 판매했다.

1978년의 선전물 MLAC의 비밀 낙태 재개를 알렸다.

MLAC 엑스 재판에서 안 퐁생의 증언 1977년 MLAC 엑스 지부 회원들은 미성년자인 17세 소녀에게 임신중지 시술을 했다. 소녀는 그 후 병원에서 입원 치료를 받았다. 소녀의 아버지는 회원 6명을 '불법 의료 시술' 죄목으로 고소했다. 재판일인 1977년 3월 10일, 피고인들은 집단책임을 주장했다. MLAC 벨빌메닐몽탕 지부(베유 법안 가결 후로는 '플라스 데 페트 여성 단체'로 개명)에서 피고인들을 지지하러 나온 안 주베르(당시 이름은 안 퐁생)의 증언 전문을 여기에 소개한다.[1]

저는 저와 마찬가지로 임신중지 시술을 한 적이 있으며 MLAC 엑스의 활동과 투쟁을 전적으로 지지하는 파리 여성 50명을 대표하여 이 자리에 섰습니다. 우리도 그들과 똑같은 혐의를 받고 있다고 생각하니까요. 우리도 MLAC 엑스의 여성들과 동일한 조건 속에서 낙태 요청에 부응해왔습니다. 점조직들을 두고 파리의 여러 동네와 시 외곽에서 낙태를 원하는 여성들을 함께 맞아들였지요. 우리는 낙태하는 법을 함께 배웠고, 다른 여성들에게도 함께 가르쳤습니다. 낙태를 하러 왔던 여성들이 차츰 이 운동에 동참하면서 그들 스스로 자신의 집에서 새로운 점조직을 만들거나, 서로 교대로 일하면서 다른 모든 여성과 연대를 쌓았습니다.

임신 10주가 넘어 우리가 직접 시술을 해줄 수 없는 여성들에 대해서도 우리는 늘 함께 해결책을 찾았습니다. 우리는 그런 여성들을 데리고 병원에 갔다가 퇴짜를 맞았고, 위험에 대한 책임을 짊어졌습니다. 병원 측은 "(당신들이 알아서 하고) 출혈이 심하거든 다시 오세요. 그때는 여기서 뭔가 해줄 수 있을 겁니다!"라고 했습니다. 우리는 매주 한두 번은 여성들을 데리고 병원에 갔습니다. 그중에는 우리가 임신중지 시술의 전반 작업은 이미 해놓고 병원으로 옮긴 여성들도 있었고요.

우리는 이런 일을 숨기지 않고 했고, 병원도 우리에게 대놓고 "위험하지만 당신들이 하세요!"라고 했습니다.

제가 사는 동네의 트농 병원 의사들은 우리가 잔류 태반을 병에 담아서 가져오는 모습을 한두 번 본 게 아닙니다. 다시 말해 우리는 뒷일만 의사에게 맡겼던 겁니다. 임신을 중단한 여성들을 정신적으로 지지하고 위로하는 것도 우리 일이었습니다. 병원에서 일주일이나 입원을 시켜놓고 그냥 내버려두는 일이 없도록, 정확한 처치와 확인 없이 퇴원시키는 일이 없도록—죽은 태아가 아직 배 속에 있는데 퇴원시키는

일도 가끔 있었거든요!— 병원 측에 압력을 행사하는 것도 우리 일이었습니다.

실상 병원은 안전한 곳이 아니라 모욕의 장소였고, 여성 건강에 대해서 아주 무책임한 조직이었기에 감시와 감독이 우리 일이 될 수밖에 없었습니다.

지금은 어떤가요? 병원이 우리에게 뭘 해준다고 합니까?

특히 파리시와 그 근교 병원 의사들은 흡입술이 뭔지도 모르고, 흡입술이 덜 위험하다는 걸 알면서도 좀체 시도하려 하지 않습니다.

병원은 자궁에 상처를 낼 수도 있는 금속제 의료도구를 씁니다. 병원은 엄청난 금액을 청구합니다.

병원은 전신마취에 대한 우리의 생각을 묻지 않습니다. 흡입술 그 자체보다 전신마취가 더 위험하다고 알려져 있는데도 말입니다.

병원은 낙태를 하러 온 여성을 여전히 전염병 환자 보듯 합니다. 표현만 '임신중지'로 바뀌었을 뿐이죠!

병원은 여성의 몸을 생각해서 조기 낙태를 해주지 않습니다. 항상 시간을 질질 끌지요! 기한이 지났을 때, 마취 없이 작은 캐뉼러로 흡입하는 간단한 시술(이건 병원 밖에서도 할 수 있어요)을 더 이상 할 수 없을 때, 병원이라는 조직과 그곳의 시설을 이용한 마취, 소파수술, 집중적인 의료가 필요할 때, **병원이 나서지 않기에** 여성들은 불법적인 의료행위로 내몰릴 수밖에 없습니다. 돈 있는 여성들은 개인 의원에 가서 3000프랑을 내고 낙태를 하고, 그렇지 못한 여성들은 자기네끼리 존데를 들고 해결을 봐야 하는 겁니다!

병원은 우리의 요청에 응하지 않습니다. 병원이 유죄입니다.

병원에는 우리가 받는 시술, 의사들의 실책, 의료 서비스의 문제점, 금전적 뒷거래, 정신적 압박 등을 제어할 방법이 없습니다. 병원은 위에서 지배하는 조직이니까요. 가령, 여성이 낙태를 하러 병원에 가면, 의사에게 아무 책임을 묻지 않는다는 동의서에 서명부

---

1   『레코 드 랑시크』(2012년 7월, 통권 7호). avortementancic.net/IMG/pdf/lechodelancicn7_000.pdf

터 합니다. 낙태수술을 받고 자기 몸이 잘못되거나 낙태가 제대로 이루어지지 않더라도 따질 수가 없어요. MLAC에서 전적으로 여성들이 관리하고 다스리는 임신중지의 실제를 통해 우리가 배운 것, 그건 바로 아래로부터의 지배, 모두의 지배입니다. 그것이 우리의 참다운 안전보장입니다.

여러분이 묻는 혐의는 우리가 획득한 경험에 대한 폭력이요, 그 경험이 우리에게 주었던 희망에 대한 폭력입니다. 우리는 엑스의 여성들에게서 그 희망을 봅니다. 우리는 이 재판에 겁먹기는커녕 더욱 거세게 저항하고 우리가 이미 물꼬를 튼 변화를 계속 끌고 나가야겠다는 의지를 불태웁니다. 아무도 우리의 존재와 정신에서 일어난 일에 대해서 소유권을 주장할 수 없습니다. 우리가 여성으로서 겪는 문제는 우리 자신만이 결정합니다. 우리는 결코 포기하지 않을 겁니다.

우리가 깨달은바, 우리는 주장하고 요구하고 간청하기도 하지만 우리 스스로 해결책을 찾고 우리 자신을 믿는 법을 배우면서 큰 힘을 얻었습니다. 우리는 그런 식으로 압력을 행사합니다. 이 재판 소식이 알려진 이후로 파리 지역에서는 대대적인 연대가 이루어졌습니다. 단순한 연대라기보다는 MLAC 엑스의 여성

들이 대표하는 이 운동을 지속하고 확대하고 강화하려는 의지의 표명이라고 해야겠지요. 여성 단체에 의한 임신중지 시술은 분명 이 운동의 한 부분입니다.

재판장님은 저에게 "MLAC 활동가입니까?"라고 질문하셨지요. 저는 "네, 우리 모두 그렇습니다"라고 대답했습니다. 그다음에 "베유 법 이전이나 이후에 직접 낙태를 시술한 적이 있습니까?"라고 물어보셨는데요, 저는 "이전과 이후"라고 말씀드렸습니다.

MLAC 소속 여성 6인에 대한 재판이 1977년 3월 10일 엑상프로방스에서 열렸다.
이 재판을 잊지 말자.

그림: 클레르 브레테세

프랑스여론조사협회 조사 『의료일보』 1974년 12월 3일자.

		35세 미만	35~49세	50세 이상
낙태자유화를 지지합니까?				
네	68 %	89 %	83 %	58 %
아니오	21 %	11 %	17 %	42 %
무응답	11 %			
낙태는 '의사만' 시술해야 한다고 생각합니까?				
네	63 %	83 %	78 %	54 %
아니오	5 %	6 %	5 %	4 %

조사에 참여한 의사의 32퍼센트가 이 질문에 이르자 설문에 계속 응하기를 거부했다. 그 대부분은 첫 번째 질문에서 '아니오'나 '무응답'을 택한 의사들이었다.

두 번째 질문에 '네'라고 대답했다면 법의 테두리 안에서 본인이 실제로 낙태시술을 할 의사가 있습니까?				
네	15 %	46 %	19 %	6 %
아니오	48 %	37 %	59 %	48 %

본인이 임신중지 시술을 할 수도 있다는 의사 중 5퍼센트는 병원 안에서만 시술할 것이라고 못 박았다. 그리고 시술을 하지 않겠다는 의사들의 절반은 (이념 문제가 아니라) 해당 기술과 교육을 받지 않았기 때문이라고 답했다.

결론
우리가 생각했던 대로 전반적으로 젊은 의사들이 임신중지에 대해서 개방적이고 자유로운 생각을 보여주었다. 요컨대, 세대차가 있다.

다큐멘터리 『보라, 그녀가 눈을 크게 뜬다』(얀 르 마송 감독, 1980년도 작품)[2] 는 MLAC 엑스의 이야기를 추적하면서 이 재판을 둘러싼 당시 여성들의 결집을 보여준다.

미디어와 사건
1986년 발간된 이 자료집은 1974년 11~12월 의회에서 이루어진 토의를 통해 임신중지 투쟁을 조명하고, 1972~1974년의 관련 신문 기사 사본을 부록으로 실었다
(96쪽을 보라).

---

2 다운로드 출처: paris-luttes.info/regarde-elle-a-les-yeux-grand

LE DÉBAT SUR L'AVORTEMENT

Mme Veil a trouvé sa majorité dans l'opposition

● On n'avait jamais vu cela à l'Assemblée nationale, en tous cas pas depuis fort longtemps. Jacques Antoine Gau pour le PS, Mme Chonavel et M. Ralite pour le PC... partaient aussi courant à l'avortement clandestin. Si beaucoup d'adversaires du projet se réclamaient à leurs convictions religieuses, on a noté aussi la conclusion très personnelle de M. Claudius Petit :

« C'est pour obéir à mes exigences spirituelles que je suis avec ceux qui souffrent le plus, avec celles qui souffrent les plus aisées ; je serai auprès d'elles parce que, dans le regard de la plus désespérée, de la plus humiliée, de la plus fautive, se reflète le visage de Celui qui est la vie. »

JE SERAI AUPRÈS D'ELLES

Mais, pour ces quelques mauvais moments, il y eut, fort heureusement, de nombreuses interventions posant le profondeur...

...sur son long discours solide...

[texte partiellement illisible en colonnes]

UNE AFFAIRE POLITIQUE

La déclaration romaine sur l'avortement n'a pas pesé sur le débat. Les députés catholiques n'ont pas en fait établi de lien direct entre un texte rappelant les principes auxquels ils adhèrent et le vote sur une loi s'appliquant à une situation donnée. Il y a certainement là un phénomène significatif.

Il serait un peu trop facile de dire que ce débat opposait conservateurs et hommes de progrès...

...

« La loi humaine peut renoncer à punir, m[ais] elle ne peut déclarer innocent ce qui ser[a] contraire au droit naturel, car cette opposi[tion] suffit à faire qu'une loi ne soit pas une loi. »

(Déclaration de la Congrégation pour la Doctrine de la Foi, 25 novembre 1974)

★ TRENTE ET UNIÈME ANNÉE — N° 9292
SAMEDI 30 NOVEMBRE
1,20 F

Le Monde

Fondateur : Hubert Beuve-Méry   Directeur : Jacques Fauvet

BULLETIN DE L'ÉTRANGER

La Mauritanie récupère son fer

Accueilli à Nouakchott dans l'enthousiasme, l'annonce, faite le jeudi 28 novembre devant l'Assemblée nationale par le président mauritanien, M. Moktar Ould Daddah, de la nationalisation de la Société des mines de fer de Mauritanie (MIFERMA)...

SOUHAITÉ PAR M. GISCARD D'ESTAING

Le vote sur la libéralisation de l'avortement n'a été acquis, par 284 voix contre 189 que grâce au concours des députés de l'opposition de gauche

Le Sénat, qui se terminera le 11 décembre avec [...] le projet n'ayant pas été approuvé par la [...] unanime [...]

GÉNÉRALE EN PROVIN[CE]

La reprise du travail s'éte[nd] dans les centres de tri postal par[is]

La C.G.T. et la C.F.D.T. relancent pour l'emploi et la retraite à soixa[nte]

La reprise du travail, qui s'est amorcée dans les...

---

le journal la croix
LES IDÉES / LES HOMMES

SAMEDI 30 NOVEMBRE 1974

Un débat exceptionnel
par Noël COPIN

(Suite de la page 1)

sur sa gauche et sur sa droite, elle finit par maintenir l'essentiel de ce qu'elle voulait maintenir. Dès son premier grand débat, elle s'est affirmée comme une personnalité politique de tout premier plan.

C'est là où d'abord que M. Giscard d'Estaing devra d'avoir fait espérer dès la première étape au projet dont il avait souhaité personnellement le succès...

Nouveaux clivages

Pour la première fois, depuis bien longtemps, il y avait interclassé à l'Assemblée sur l'issue d'un scrutin et ce n'était pas évidemment du gouvernement qui était en cause...

Dénominateur commun

Mais s'il y eut clivage, il serait superflu de le présenter d'une façon manichéenne...

Peut-être faut-il regretter que en dehors de la très solide intervention de M. Michel Debré...

Terrorisme !

Noël COPIN

Déjà, on peut avorter en France : se cacher

Reportage : Jeanne Dridman   Photos : Jean-Louis Bloch-Lainé

...us le savons ; ce reportage, ces photos [cho]quants. La vérité parfois est choquante...

libéré risque de donner de l'exploitation commerciale. [s'em]pareront où l'on ne se sou[cie] les femmes vers de plus...

ASPECTS DE LA FRANCE
HEBDOMADAIRE DE L'ACTION FRANÇAISE

Le N° : 3 F   28e ANNÉE   N° 1.366   JEUDI 28 NOV. 1974
Belgique : 30 FB - Canada : 75 CTS - Espagne : 40 P - Maroc : 3 DH

Giscard sonne le ralliement des avorteurs

LE PERMIS DE TUER ?

C'EST un signe de l'inversion des valeurs qui fréquente à notre époque que Le Journal du Dimanche ait publié la 24 novembre [...] en première page, une photo[...] Simone Veil...

est scandaleux que l'on [...] pour un retab[...]

L'ÉVÉNEMENT

---

minute
N 660   Du 4 au 10 décembre 1974   3,50 F

Vos gueules les chouettes
par Georges LAFFLY

LES rois de la pompe à vélo [...] semblée. La loi sur l'avortement est p[...] bryon comme on siffle un verr[...] natur[...]lle et divine, les autres la v[...] bryon est un être constitué, un [...] Ils ont été vaincus malgré ce qu[...] osé appeler leur « terrorisme ».

Le terrorisme intellectuel n'[est] Mme Veil, dans la campagne [...] MLAC. Les avortements en pu[...] taux envahis, les défilés établi[...] n'est pas du terrorisme intell[...] des médecins qui a [...] malgré [...]

---

le nouvel
OBSERVA[TEUR]

Éditorial

DU SCANDA[LE]
À L'EXPLOSIO[N]

...e scandale que constituent le nombre [avo]rtements clandestins dans lesquels ils [...] n'est pas nouveau. Ce qui [...]est que des femmes déci[dent] de répondre au scandale

[...]risaïsme et la cécité de tout [...] même des [...]ains « grands » journaux [...]quement l'avortement d'in[ter]ruption de grossesse »)...

née en France. Nous constatons que la majorité d'entre elles subissent cette opération dans des conditions qui mettent leur avenir et parfois même leur vie en danger. Nous constatons que la clandestinité de ces avortements provoque une véritable et sordide organisation d'exploiteurs, un marché noir de la chirurgie et un réseau parallèle de profiteurs. Nous constatons enfin que la France, contrairement à la Grande-Bretagne, à quinze États américains, au Japon, aux pays nordiques et aux pays de l'Est, refuse aux femmes le droit de décider si elles veulent porter jusqu'à son terme — un embryon qui n'a pas encore bougé ».

AVORTEMENT
minute
LE PAPE CONTRE GISCARD

FAUT-IL DONNER DES ÉTRENNES AU FACTEUR ?

Le Président risque-t-il l'excom[mu]nication ? • Des députés aux prises avec leur électorat • C'est la gauche qui fait la loi !

Ces TABLEAUX QU'ON VOLE

Un reporter de « MINUTE » a fait de bien curieu[ses] ses découvertes

---

L'APPEL DES 343

● La publication dans notre dernier numéro du « Manifeste des 343 » a eu un retentissement national et international. Dès le samedi 3 avril, à 19 heures, avant la mise en vente du « Nouvel Observateur », Julien Besançon ouvrait le bulletin d'information de R.T.L. sur ce qu'il appelait l'« événement ». Une même station organisait un débat lundi à 13 heures entre Jean Foyer, ancien ministre de la Justice, adversaire de l'avortement Françoise Fabian, signataire de l'appel, et une catholique, Mme Pascale Desforges...

Carrefou[r]

AVORTEMEN[T]

QUI peut oser légal[iser]
le massacre des innoce[nts]

et IMPOSER au nom de la libéralisa[tion]
CE QUE REJETTE LA MAJORITÉ DU P[AYS]

La légalisation de la mort ne peut être qu'une sa[...]

LES EXPÉRIENCES DES PAYS DE L'EST démontrent que la libéralisation de...

Les plus éminentes personn[alités] médicales et religi[euses]

Le professeur LORTAT-JACOB ; le pasteur Pierre Ch[...] Mgr ELCHINGER (ou non de l'Église qui c'est d[...])... condamnent la loi V[eil]

[En bas, masthead d'autres journaux :] Le Monde, DAILY [...], Telegraph, COMB[AT], Tribune, Le Nat[...], LA VANGUARDIA, [Hum]anité, LIBERTÉS SYNDICAL[ES], LE FIGARO, L'AURORE, France-Soir, La Croix, ESPOIR À COUSAN[CE]

LES TROUPES U.S. ABANDONNENT LA BASE DE KHE SA[NH]

343인 선언

◄ 『샤를리 에브도』 1971년 4월 12일자 표지.

"프랑스에서 매년 100만 명의 여성이 낙태를 합니다. 의료시설 내에서의 낙태는 비교적 간단한 시술이지만 법으로 금지되어 있기 때문에 여성들은 열악하고 미심쩍은 조건을 감수하며 비밀리에 낙태를 할 수밖에 없습니다. 우리는 이 100만 명에 대하여 침묵해왔습니다. 내가 그 100만 명 중 하나임을 선언합니다. 나도 낙태를 했습니다. 우리는 피임약을 자유로이 구할 권리와 함께 낙태의 자유화도 요구합니다."[3]
모드 젤리의 말마따나[4] 이 선언은 대중의 기억 속에 '343인의 잡년들' 선언 비스무리하게 남았다. 서명에 참여한 여성들은 결코 자기들을 그렇게 지칭한 적 없지만 말이다. 그런 말이 나오게 된 데에는 1971년 4월 12일자 『샤를리 에브도』 표지가 한몫했을 것이다. 표지를 차지한 것은 출산장려주의자로 잘 알려진 미셸 데브레의 캐리커처. 위쪽 말풍선에는 "누가 그 343명의 잡년들을 임신시켰는데?"라는 물음이 떠 있는데 데브레는 "프랑스를 위한 일이었어!"라고 대답한다.

보비니 재판

누가 유죄입니까?[5]

낙태를 한 미성년자는 무죄 방면되었다. 이 일은 두고두고 기억할 만하다. 그렇지만 소녀의 어머니가 곧 낙태 공모죄로 재판을 받을 예정이다. 재판정은 다시 한번 관대한 처분을 내릴 것인가?

1972년 11월 8일, 보비니 지방법원(센생드니)에서 네 명의 여성이 법의 심판을 받을 것이다. 한 명은 불법 낙태를 시술한 죄, 나머지 세 명은 낙태에 공모한 죄. 그중 한 명인 X 부인(17세 소녀 마리클레르의 친모)은 1971년 11월에 낙태를 행했다는 죄목으로 기소되어 이미 보름 전에 딸과 함께 보비니 소년법원에 출두한 바 있다. 소년법원에서 마리클레르는 무죄 선고를 받았고 모친도 책임을 질 필요가 없다는 판결을 받았다. 하지만 오는 8일에 X 부인은 딸의 낙태에 공모하고 비용을 지불한 죄목으로 다시 한번 재판을 받을 것이다.

▶ 모범적인 여성

"저는 법의 잣대로는 죄인일지 모르지만 제 양심에 비추어서는 그렇지 않습니다." 마리클레르의 어머니인 39세 X 부인이 이렇게 말한다. 쪽 찐 갈색 머리에 체크무늬 정장을 입은 여인이 성난 눈빛을 한다. X 부인은 프랑스교통공단 직원이다. 그녀는 매일 아침 뇌이플레장스의 집을 나서 지하철에 일을 하러 간다(그녀는 역사 순회 업무를 맡고 있다). X 부인은 자기 혼자서 월급 1500프랑과 가족수당만으로 15세, 16세, 17세인 세 자매를 키워냈다. 경찰 보고서에도 "모범적인 여성"으로 언급되었을 정도다. "저는 딸애들의 아빠와 결혼하지 않았습니다. 우리는 헤어졌어요. 저는 제 아이들을 책임졌고 딸들은 저를 의지하고 자랐습니다. 더군다나…"
X 부인은 눈물을 참느라 목소리가 갈라져 말을 잇지 못한

---

3   『르 누벨 옵세르바퇴르』, 1971년 4월 5일자, 통권 334호.
4   Maud Gelly, Le MLAC et la lutte pour le droit à l'avortement(Fondation Copernic).
5   『엘르』 1972년 10월 30일자에 실린 안마리 뱅상시니의 기사.

다. 실제로 그녀는 마리클레르에게 최선을 다했다. 딸의 행복을 위해서 법과 사회에 도전했고, 그들 모녀가 무릅쓰게 될 위험을 감수했다. X 부인은 그 이유에 대하여 이렇게 말한다.

"나는 스무 살 때 내가 처음 임신한 걸 알았어요. 그 시절에는 지금처럼 손을 쓸 도리가 없었기 때문에 그냥 낳았지요. 하지만 마리클레르는 열여섯 살에 임신을 했기 때문에 문제가 더 심각했어요. 열여섯 살이면 유행하는 옷이나 사고 남자친구와 데이트를 하고 싶을 나이잖아요. 남편도 없고(불량소년과 가정을 꾸릴 순 없었으니까요) 직장도 없는데 엄마가 될 수는 없지요." 마리클레르는 무탈하게 자란 편이고 기술고등학교에서도 착실한 학생이었다. 하지만 임신 때문에 학업을 중단한 후로는 구두점 판매원으로 일한다. 마리클레르는 비밀이 많고 자기 속내를 잘 말하지 않는 소녀다. 그녀는 다니엘과 1971년 4월에 처음 만났다. 다니엘은 소년감화원에서 잠시 나와 있었고, 자기 차가 있었다. 마리클레르는 16세, 다니엘은 18세였다. 두 사람은 다른 친구들과 어울려 몇 번 같이 놀았다. 8월에 다니엘이 어머니가 휴가를 간 틈을 타서 그녀를 자기 집에 부른다. 다니엘은 폭력적인 성향이 있다. 마리클레르는 다니엘이 무서워서 하라는 대로 할 수밖에 없었다. 그들의 관계는 그때 딱 한 번뿐이었다. 그런데 마리클레르가 임신을 한 것이다. 그녀는 자기에게 무슨 일이 일어났는지도 몰랐다. 마리클레르는 성교육을 받은 적이 없다. "딸애는 중학교 동창들과 자주 놀러 나가곤 했어요. 그래서 주의를 주었던 적도 있고 다소 눈여겨보기도 했지요. 하지만 딸에게

제대로 성교육을 시킨 적은 없어요. 아시겠지만 엄마가 딸에게 그런 걸 직접 설명하기가 쉽지는 않답니다. 하지만 작년에 그 일을 겪고는, 딸 셋을 불러놓고 얘기했어요. '혹시 피임약이 필요할 때가 오거든 엄마에게 달라고 해. 엄마는 너희가 피임약 쓰는 거 찬성이야.' 마리클레르는 한 달간 가슴을 졸이다가 나에게 털어놓았지요. 그때부터 끔찍한 나날이 시작됐어요. 우리 모녀는 산부인과부터 찾아갔지요. 딸아이의 임신은 너무나도 명백했어요. 그런데 병원에서는 이런저런 검사를 자꾸 하더군요. 마리클레르는 점점 더 불안해했어요. 그러더니 하루는 의사가 말하더군요. '따님은 임신입니다. 저는 더 이상 해줄 수 있는 게 없습니다.' 마리클레르는 아직 어린애였고, 어미인 내가 나설 수밖에 없었지요."

그래서 모녀는 임신을 중단하기로 결정했다. X 부인은 지하철공사에서 함께 일하는―법적으로는 '공모자'인―두 친구의 도움으로 시술을 해준다는 여성을 찾았다. 그녀의 직업은 의료인이 아니라 비서였다. 그녀는 1200프랑을 받고 '그 일을 해주기로' 했다. 그녀가 보기에도 마리클레르는 애를 키우기에는 너무 어렸다. 그녀는 공립 고아원에서 자랐기 때문에 자기 같은 팔자의 아이가 하나라도 더 생기는 것을 원치 않았다.

마리클레르의 모친은 말한다. "우리 집에서 일어난 일은 끔찍했어요. 마리클레르는 병원에 나흘이나 입원을 해야 했지요. 그래도 나는 후회하지 않아요. 단지 그 여성이 우리에게 고마운 일을 해주었다는 이유로 고역을 치르게 되어 안타까울 뿐이에요."

▶ **"부인께서는 공모 혐의로 기소되었습니다."**

모든 일이 제자리로 돌아오는 듯했다. 그런데 1971년 12월에 자동차 절도로 고발당한 다니엘이 마리클레르를 고발했다. 비밀 낙태라는 비극이 끝나는가 싶더니 재판 사태가 일어난 것이다.

X 부인의 말을 들어보자. "1971년 12월 18일에 뇌이쉬르마른 경찰서 반장이 가택수사를 나왔어요. 나는 그때 몸이 많이 아팠어요. 열이 40도였죠(그녀는 분노한 나머지 언성이 높아졌다). 반장이 내 침대에 걸터앉아 이것저것 물어보면서 나는 고발 대상이 아니라고 안심시키더군요. 나중에 경찰서에 출두했더니, '부인, 우리한테 증거가 다 있습니다. 부인은 공모 혐의로 기소되었습니다'라고 하더군요."

1972년 10월 11일, 마리클레르는 낙태를 한 지 거의 1년이 다 되어 보비니 소년법원에서 재판을 받았다. 오전 10시. 보비니 법원 F관의 분위기는 평소와 비슷했다. 재판정의 타자기가 9시 30분부터 바쁘게 탁탁 소리를 냈다. 피고인들은 진술을 하러 나오기 전에 소환장을 휘두르면서 썰렁한 대기실로 들어섰다.

10시 15분. 마리클레르와 어머니가 함께 법원에 나타났다. 그들은 소환장을 가져오지 않았다. 출입을 통제하는 경찰들이 그들을 들여보내지 않으려 했다. 마리클레르는 딱하게도

푹 젖은 바지에 회색 레인코트 차림으로(그날 밖에는 비가 억수같이 퍼부었다) 죽을상을 하고 있었다. 은빛 브로치를 단 청사과 색 스카프만이 그녀의 옷차림에 희미하게 활력을 더해주었다. 모친은 심란한 기색을 좀체 감추지 못했지만 투쟁에 익숙했다. 딸을 보호하기 위해서라면 그녀는 얼마든지 에너지를 끌어낼 수 있었다. 모녀는 의자에 앉았다. 갑자기 마리클레르가 미소를 지었다. 그들의 변호사 지젤 알리미가 그때 막 나타났던 것이다. 변호사는 믿음직한 태도로 마리클레르의 얼굴을 쓰다듬어주면서 안심을 시켰다. 집행관이 "X 부인과 마리클레르 X"라고 호명을 했다. 10시 30분이었다. 마리클레르는 어머니와 함께 재판정으로 들어갔다. 공개 방청이 허락되지 않은 재판이었다. 하지만 바깥에는 그들을 지지하는 200여 명의 여성들이 와 있었다. 그들은 입장할 수가 없었기에 밖에서 큰 소리로 구호를 외쳤다. "우리는 모두 낙태를 했다. 우리도 심판하라!" 마리클레르와 그녀의 어머니, 재판정 안의 법조인들까지 모두 그 소리를 들었다. 델핀 세리그와 사미 프레이가 시위대의 선봉에 섰다. 대부분 MLF 회원들이거나 슈아지르(1971년 343인 여성 선언 직후에 결성된 임신중지 자유화 운동 단체로, 낙태죄로 고발당한 여성들의 법적 보호에 힘씀) 소속 운동가들이었다. 하지만 개중에는 어떤 운동 단체에도 속하지 않은, 파리나 보비니의 평범한 여성들도 있었다. 12시쯤 재판정의 문이 열렸다. 카사노바 판사는 들릴 듯 말 듯 낮은 목소리로 판결문을 낭독했다. "마리클레르는 의도적이고 자유로운 상태에서 그러한 행동을 한 것이 아니므로 본 재판정

피고인들을 위해 증언하러 온 사람도 많았다.
그중 하나인 의사 폴 밀리에는 독실한
가톨릭 신자였다.

왜 우리 가톨릭 신자들이
프랑스 국민 전체에게
우리의 도덕을 강요하는지
모르겠습니다만?

은 무죄를 선고하며 모친도 법적 책임이 없음을 인정한다."
하지만 마리클레르는 판사들 앞에서 자기가 행한 바를 시인
했다. 그녀는 어떤 정신적 강요나 영향을 받아서가 아니라
자기가 원해서 낙태를 했으며 그런 선택을 후회하지 않는다
고 분명히 말했다.

▶임신중지 자유화를 향한 한 걸음

형법 제3176조에 따르면 마리클레르는 6개월~2년의 금고
형과 360~7200프랑의 벌금형을 받을 수도 있었다. 판사들
이 법을 있는 그대로 적용하지 않고 마리클레르의 책임이 아
니라고 한 것은 용기 있는 판결이었다. 알리미 변호사는 말
한다. "범법 행위가 있었던 것은 사실이지만 사회는 마리클
레르에게 선택지를 주지 않았습니다. 그녀는 임신중지를 결

정함으로써 법에게 죄를 묻고 규탄을 촉구한 셈입니다. 작금
의 법, 여성들이 사회적 범주에 따라서 받게 되는 차별, 그리
고 무엇보다 피임과 성교육에 대한 정보 부족을 감안하건대
우리는 낙태 관련 법을 전면 수정해야 할 필요가 있다고 봅
니다. 낙태와 관련한 모든 판결은 일종의 일반 규칙으로, 다
시 말해 판례로서 길이 남고 적용되어야 할 것입니다. 이번
판결은 낙태자유화를 원하는 이들에게 소중한 한 걸음입니
다. 아직도 임신중지를 범죄라고 생각하는 여성들이 많습니
다. 하지만 아무도 여성들에게 낙태를 하라고 강요하지는 않
을 겁니다. 자신의 신념을 강요하거나 자유화에 반대함으로
써 타인의 자유까지 속박해서는 안 됩니다. 하지만 어떤 경
우든 낙태보다는 피임이 좋습니다. 낙태와 피임은 불가분의
관계에 있지요. 피임법은 아직 불완전한 까닭으로, 낙태는
어디까지나 최후의 해결책으로 남아야 합니다. 낙태를 억제

재판은 비공개였지만 대대적인
시위가 법정 안에까지 영향을
주었다. 시위자들이 외치는
구호가 배심원들의 귀에까지
들렸을 것이다.

한다고 해서 낙태를 없앨 수는 없습니다. 그래봐야 여성들의 정신적·신체적 비참만 가중시킬 뿐이고 가난하고 대책 없는 부부들을 양산할 뿐이지요. 게다가 돈 있는 사람에게만 출산과 비출산의 선택권을 줍니다. 마리클레르는 2000프랑, 많게는 3000프랑이 없어서 낙태가 허용된 런던이나 제네바까지 가서 병원에서 안전하게 시술받지 못하고 불법 의료행위에 기대야 했습니다. 나는 국가 고위 공무원들의 아내나 애인의 낙태를 변호할 일이 한 번도 없었습니다만, 그런 여성들도 다 임신중지를 합니다."

지젤 알리미 선생은 약속한다. "다음 재판은 11월 8일인데, 유명 정치인과 문인 다수를 증인으로 거론할 겁니다."

11월 재판의 판결이 10월의 판결과 모순되는 일은 없기를 바란다.

편집된 장면들

루시아 피노체트

칠레를 주요 배경으로 하는 우리의 다음 작품을 위해서 현대국제자료도서관에서 취재를 하던 중에 시청각 자료실장 로사 올모스에게 루시아 피노체트가 텔레비전에서 다음과 같이 발언했다는 얘기를 들었다. 비록 이 장면을 본서에 집어넣지는 못했지만 독자들이 알아두면 좋을 듯하여 여기에 싣는다.

여동생의 탄생

나는 알랭이 제안한 그림을 받아들이지 않는 경우가 드물지만, 내 여동생의 탄생을 표현한 이 그림만은 책에 집어넣지 않기로 했다. 당시 내 어머니가 몹시 슬퍼하고 얼이 빠진 듯했던 기억이 아직도 생생한데, 이 그림은 지나치게 유쾌한 느낌이 들었기 때문이다.

우리는 그래서 외할머니가 방금 전에 교통사고로 돌아가셨다는 소식은, 어머니에게 나중에 전할 수밖에 없었다.

존데를 이용한 시술을 더 이상 받을 수 없었던 어머니는 다시 아기를 낳았다.

성별은 여아, 몸무게는 4킬로그램 남짓.

아버지는 그 애가 콘돔과 페서리를 통과하고 태어난 아기라고 했다.

만화가들은 이따금 이야기의 리듬을 깨지 않으려는 뜻에서 어떤 장면을 덜어내야만 한다.

버스를 타고 돌아가는 길

어머니의 낙태 이야기를 듣고 난 후 나는 발레 강습을 그만두었다. 그날 이후로 나에게 발레 강습은 여성들이 감내해야 하는 조건과 떼려야 뗄 수 없이 연결되었다.

발레 강습이 끝나고서 버스를 타고 공동 홈으로 돌아갔다.

이 컷들은 편집자들이 제안했던 것이다. 아당과 마리 이야기는 원래 12쪽 분량이었으나 7쪽으로 줄어들었다. 우리 마음에 드는 장면들이기는 했지만 결과적으로는 덜어내는 편이 나았다.

듀라렉스 물잔

마리는 아당의 부모님과 함께 식사를 하던 중에, 아기가 생겼지만 임신을 중단하고 싶다는 의사를 밝힌다. 그의 부모님은 매우 이해심 있는 태도를 보여주었다. 이 이야기를 준비하면서 수많은 여성과 인터뷰를 했는데, 마리와 아당처럼 가족의 지지를 받은 경우는 안타깝게도 매우 드물었다.

마리는 나와 우리 부모님 댁에 가서 식사를 하다가 털어놓았어요. 음, 저 임신했어요.

아주 잠깐 침묵이 흐른 후, 아버지가 어떻게 하고 싶냐고 물어보셨죠.

어안이 벙벙했어요. 상상도 못 했거든요. 아버지가 당연히 낳아야 한다는 생각 말고 다른 생각을 하실 줄은 몰랐어요.

마리가 낳고 싶지 않다고 했어요. 어머니는 우리를 안심시켰죠. 어떤 절차를 밟아야 하는지 안다고, 제 누나도 임신중지를 한 적이 있는데 다 잘될 테니 걱정하지 말라고 말씀하셨어요.

그러고는 당신이 아직 할머니가 될 때는 아닌 모양이라며 눈물을 흘리셨어요.

부모님 집이 있던 건물

아담의 어머니에게 어떤 사연이 있는지 알면 앞 장면에서의 반응을 이해할 수 있을 것이다. 그녀는
젊은 커플에게 무조건적인 지지를 아끼지 않으면서도 진심으로 슬퍼했다. 어머니 역시 형편이 몹시
좋지 않았을 때 예기치 않게 두 번이나 임신을 했기 때문에 아이들을 남부럽지 않게 키우지 못했다
는 한이 있었고, 손자를 통해 그 한을 풀고 싶었던 모양이다.

부모님은 임대주택을 나와 집을 얻은 후에도 셋째 아이를 갖기를 오랫동안 망설였다. 아버지는
그때 막 자리를 잡은 참이었고 어머니도 아버지와 같이 일을 했다. 형편이 슬슬 나아지고 있었다.

그래서 다시 아기를 가졌다.

이 책이 나오기까지

2012년에 다비드 사브네가 『라 르뷔 데시네La Revue dessinée』 출간 건으로 우리에게 연락을 해왔다. 그래서 주제부터 찾기 시작했다. 우리는 그렇게 근사한 프로젝트에 초대받아서 기뻤지만, 상당한 작업을 요하는 책 한 권을 이미 계약한 참이었기에 다른 조사 작업을 병행할 여유가 별로 없었다. 게다가 우리는 계속 함께 손발을 맞추어 작업하기를 원했는데, 나중에 제안받은 두 작업은 알랭의 삽화만을 요구했다.

2013년 봄의 대혼란을 거친 후 스페인 정부의 퇴행과, 시행 40년이 다 되어가는 시점에서 다시금 수모를 겪는 베유 법안을 보면서 우리는 드디어 『라 르뷔 데시네』에 어울리는 주제를 다룰 수 있겠다는 생각이 들었다. 2015년 1월에 베유 법안 40주년을 기리는 뜻에서 작품을 내놓을 작정이었다. 하지만 나는 머지않아 내가 주제를 다루는 방식이 연대기, 다큐멘터리, 르포르타주 중심의 잡지에 잘 어울리지 않는다고 느꼈다. 그래도 잡지 창간인 중 한 명인 크리스는, 우리가 보낸 콘티를 보고 반드시 완성해서 작품을 발표하기 바란다고 격려해주었다.

우리의 전작 편집자는 만화는 빼고 완전히 문학으로 방향을 틀기를 원했다. 그때가 벌써 4월이었기에 우리가 내심 바랐던 출간 시기는 이미 물 건너간 상태였다.

바로 그때 행운이 찾아왔다. 데뷔 때부터 우리를 성원해주었던 독립서점네트워크가 행운을 안겨주었다. 브르타뉴책방 카페연대에서는 우리의 두 번째 작품 『사용 설명서 없는 인생, 우라질 1980년대!』를 추천 도서로 선정하고 파리도서전 부스에 초대해주었다. 그 부스에서 우리 책에 사인을 받으러 온 몽트뢰유 서점 폴리당크르의 대표 아망다 스피겔을 만났다. 그 만남은 다시 우리의 서점 방문으로 이어졌고, 술을 곁들인 저녁식사까지 나아갔다. 아망다는 몽트뢰유의 소형 출판사 라빌브륄을 잘 안다면서 그 출판사가 만화를 출간한 경험은 없지만 틀림없이 "작품 성격과 잘 맞을 것"이라고 장담했다.

라빌브륄 역시 부부가 함께 운영하는 출판사다. 마리안 주죌

라와 라파엘 토마는 5월 17일에 우리에게 편지를 보냈다. 우리의 기존 작품 두 권을 모두 좋아하는데 "한번 만나고 싶다(친해지고 싶다)"고 했다. 우리는 그들을 집으로 초대해 점심을 같이 먹기로 했다!

그들의 방문을 앞둔 전날 밤은 불안해서 잠도 잘 못 잤다. 아자즈가 미술학교 워크숍이 1기만 하고 취소된 참이었다. 재정이 부족했나? 선거 때문일까? 취소의 이유는 분명하지 않았지만 취소의 여파는 아주 분명했다! 우리에게 그 워크숍은 6개월간의 고정수입을 의미했다. 은행 잔고가 사망 상태였기 때문에 집세를 내려면 그 돈이 꼭 필요했다. 우리는 침대에 나란히 누워 밤이 새도록 어떻게 하면 좋을까 고민했다.

마리안과 라파엘은 디저트와 책을 한아름 안고 약속 시각에 맞춰 왔다. 시원한 공기가 밀려온 것 같은 만남이었다. 우리는 참 많이 웃었다. 두 사람은 우리가 작업한 프로젝트 샘플 15장을 가져갔다. 아직은 '선택'이라는 제목도 붙기 전이었다. 그들은 바로 다음 날 답변을 주었다. 완벽한 예스, 그것도 베유 법안 발효 40주년에 맞춰 1월에 내보자고 했다! 산소통처럼 숨이 확 뚫리는 진전이었다!

마침 라빌브륄의 출간 도서 중에 시몬 베유 법안 전후의 임신중지 실태를 다룬 책이 한 권 있었다.
그 책은 『나는 낙태를 했고 고맙게도 잘 지내고 있답니다』다. 나는 왠지 모르게 그 제목이 불편했다. 뭔가 계제에 맞지 않는 듯했고, 내가 이 주제에 대해 말하고 싶은 바와 정면충돌하는 것 같았다. 그렇지만… 책을 덮고 제목을 다시 한번 읽어보니, 불과 몇 시간 전에는 부적절하고 도발적으로 보였던 제목이 내가 하고 싶은 바로 그 말이 되었다. 죄책감은 날아갔다. 나는 낙태를 했다. 고맙게도 나는 잘만 지내고 있다!

우리가 만난 사람들

이 작품에 기여한 아름다운 만남들을 일일이 다 꼽을 수는 없다. 그러한 만남들이 너무도 많기에…
우리가 수집한 증언 가운데 일부는 직접적으로 이 이야기에 포함되지 않았지만, 나의 글쓰기에 대단히 긍정적인 방식으로 힘을 더해주었다. 우리에게 시간을 내어준 그 모든 고마운 이들을 생각하면서 그중 몇몇을 소개할까 한다.

MLAC 벨빌메닐몽탕의 여성운동가들

인권연대에 속해 있는 우리 친구 장뤽 데리크가 과거 MLAC 벨빌메닐몽탕에서 활동했던 여성들과 접촉할 방법을 찾아주었다. 덕분에 우리는 클로딘 제리투아티를 만났고, 그녀를 통해 다시 안 주베르와 브리지트 도뒤를 만날 수 있었다.

MLAC 벨빌메닐몽탕의 여성운동가들은 베유 법안 발효 후에도 1980년대까지 여성들에게 직접 임신중지 시술을 해주었다. 클로딘, 안, 브리지트에게 들은 이야기만으로도 족히 책 한 권이 더 나올 수 있고 우리도 언젠가 그렇게 할 수 있기를 바라지만, 여기서 그들의 등장은 아주 단편적이다. 이 부록에서나마 그들의 활약상을 보여주는 신문기사를 소개할 수 있어서 기쁘다.

우리는 곧잘 우리끼리 고통에 대해서 말하곤 했지요.

클로딘 제리투아티

누군가에게 해를 끼친다는 건 못 견딜 일이기에 나는 그들의 배에 손을 얹곤 했어요.

브리지트 도뒤

SOLIDARITÉ ! MLAC ! MLAC ! MLAC !
연대!

불법 시술을 정당한 무기로 삼다[6]

1. 법 이전: MLAC 벨빌메닐몽탕

▶전후 맥락

1972년부터 페미니스트 네트워크, GIS 소속 의사들, 극좌파 가족계획운동가들이 세력을 넓히기 시작했다. 내가 1년

우리가 혼자가 아니라는 것, 친구들이 있고 연대하는 집단들이 있다는 사실이 많은 것을 쉽게 풀어주었지요.

안 주베르

전부터 교사로 근무하면서 거주 중인 파리 20구에도, 우리가 지지하는 투쟁들을 통해 이 세력들이 단단히 뿌리를 내렸다. 그리하여 아프리카계 노동자들의 임금 인상을 위한 동맹 파업, 노동허가증 취득을 위한 단식 투쟁, 점유지 강제 퇴거 방침에 대한 반대 운동, 그리고 LIP사 파업과 라르자크 군사 기지 확장 반대 운동 등이 이어졌다.

나는 매우 자연스럽게, 일말의 저항감도 없이 임신중지 자유화 운동에 참여했다. 나 자신을 포함한 모든 여성을 위한 운동이니까!

파리연합은 GIS와 손을 잡고 영국이나 네덜란드로의 낙태 원정을 조직화하고 있었다. 나도 친구들과 함께 여러 차례 쥐시외에 있던 상설 지부에서 한몫을 했다. 하지만 그곳은 너무 좁고 복작거려서 우리 동네 거리로 상설 지부를 옮겼다. 우리는 광고판과 전단을 가지고 나와 벨빌, 메닐몽탕, 피레네, 강베타 시장들에서 아이를 원하거나 원치 않을 자유를 촉구하며 카먼 흡입법을 설명하는 그림을 보여주었다. 우리는 우리가 무슨 활동을 하고 어디에 오면 만날 수 있는지를 알렸다.

가끔은 거리에서 논쟁에 불이 붙다 못해 폭력적인 장면들까지 연출되곤 했다. 우리는 별의별 욕을 다 들었다. 하지만 매번 우리에게 슬쩍 말을 걸면서 도움을 청하는 여성들이 있었다. 그 여성들은 부끄러워하고 겁내면서도 우리를 찾아왔다. 우리는 각자의 집에 시술 공간을 만들어놓았기 때문에, 개인 주소를 일정표에 공개했다.

바로 이런 우리의 집들이 머지않아 경청과 동반의 장을 넘어, 대화와 연대의 장이 되었다.

모든 사회계층의 여성들이 우리를 찾아왔다. 노동자나 상인인 여성들도 있었고, 경찰이나 소방관의 아내들도 있었다. 유대교도, 이슬람교도, 그리스도교도는 물론 애니미즘 신봉자도 있었고 부르주아 여성, 순하고 어린 여성, 이른바 '불륜녀'라고 불리는 여성, 그리고 미성년자 딸을 데리고 온 어머니도 있었다. 그들이 원하는 것은 하나였다. 자신의 존엄성과 건강을 해치지 않으면서 문제를 해결하고 싶다는 것.

외국으로의 '낙태 원정'은 점점 곤란해졌다. 상황이 좋지 않았다. 원하는 여성들이 너무 많다 보니 GIS 소속 의사들만으로는 감당이 안 됐다. 결국 여성들은 가까운 동네에 있는 '애 떼어주는 여자'를 더 선호하게 됐고, 돈이 좀 있는 경우는 파리 시내 개인병원에서 시술받기를 원했다.

그래서 우리는 직접 흡입 시술법을 배우기로 했다. 우리 집단에 속해 있던 간호사 실비에게 배웠는데, 실비 자신은 부

인과 전문의 조엘 브뤼네리에게 그 방법을 배워서 왔다.

우리는 지역 내의 몇몇 의사와 좋은 관계를 맺고 있었다. 도움이 필요하면 그 의사들에게 처방전을 받아 오거나, 여자들을 그들에게 보내 진료를 받게 했다. 반대로, 의사들이 임신중지 시술을 받으려는 여자들을 우리에게 보내기도 했다!

▶ 임신중지의 실제

간호사나 의사에게 카먼 흡입 시술법을 배운 한두 명을 중심으로 팀이 구성되었다. 필요한 도구는 우리에게 우호적인 의사가 의료기기 유통회사에 주문서를 넣어 구해주었다. 자금은 우리가 사비를 갹출해 마련했고, 나중에는 시술을 받은 여성들이 같은 처지의 여성들을 위해 돈을 내놓곤 했다.

시술은 임신을 중지할 여성이나 팀원 중 한 명의 집에서 진행되었다. 팀은 늘 시술 능력이 있는 사람 한 명과 보조 한 명 이상으로 구성되었다. 마취는 하지 않았지만 미주신경 쇼크를 막기 위해 사전에 투약은 했다. 모든 도구는 소독을 했고, 예전부터 전해 내려오는 무균 수칙을 준수했다.

흡입에는 곧잘 통증이 따르지만 다행히 아주 금방 지나간다. 다른 여성들의 지지는 신체적 고통뿐 아니라 정신적인 스트레스와 죄의식도 덜어준다. 시술이 끝난 후 우리는 늘 충분한 시간을 들여 당사자들과 얘기했다. 몸조리를 어떻게 해야 하는지, 어떤 약을 먹어야 하는지 자세히 설명하고, 다음에 만날 날짜를 정했다.

우리는 또한 그들에게 우리 지부로 와서 같은 처지의 여성들을 돕는 일을 함께하자고 권했다. 임신중지 시술법을 배워서 우리 집단에 참여할 수 있다는 말도 했다.

MLAC 열성 활동가들 중 몇몇도 원래는 임신을 중단하기 위해 찾아왔던 여성들이었다.

▶ 문제

희한하게도 낙태 탄압과 관련한 사건은 일어나지 않았다. 법무부에서 영리적 목적이 없는 낙태시술은 법적으로 문제 삼지 말라는 지시를 내렸기 때문일까? 그래도 우리는 임신중지 합법화를 위하여 투쟁했다!

의료적인 차원에서는 스트레스가 극심한 상황들이 있었다. 어떤 이유에서든 출혈이 심하다 싶을 때에는 우리에게 호의적인 의사에게 진료를 맡겨야만 했다. 그리고 때로는 흡입에 들어간 상황에서 예상보다 임신이 진전된 것을 발견하고 우

리 손으로 끝내지 못한 때도 있었다. 초음파 장비가 없어서 촉진만으로는 임신의 진행 상태를 정확히 파악할 수 없고 당사자가 마지막 월경일을 잘못 알고 있거나 의도적으로 속이기도 했기 때문에, 그런 상황은 얼마든지 일어날 수 있었다. 이 경우 우리는 여성을 병원에 데려가, 우리가 흡입해서 빼낸 자궁 내 물질을 담은 병을 의사에게 보여주며 소파수술을 해달라고 했다(당시에는 병원에서 흡입술을 해주지 않았다). 때로는 임신이 꽤 진전된 상태라는 것을 알면서도 흡입술을 시도하는 경우가 있었다. 그런 상태로 응급실에 가야만 의사들이 어쩔 수 없이 수술을 해주기 때문이었다. 그렇게 응급실을 차지한 채, 임신중지를 원하는 여성들이 시술을 받을 때까지 버텨야 했던 때가 한두 번이 아니다.

▶ 우리는 불법 시술을 했지만 그 시술이 정당하다는 것을 안다

우리는 전적으로 이 활동에 참여하며 여성들과 매우 친밀한 관계를 맺고 함께 용기를 냈다.

나는 10여 년 전 여성 공동 홈 일을 하면서 시몬 베유를 만나 그 시절을 다시 얘기할 기회가 있었다. 베유는 의사들이 아니라 일반 여성들이 카먼 방법을 시술하고 있었던 현실이, 임신중지 합법화 법안 가결에 결정적 압박 수단이 되었다고 인정했다.

지금 생각해보면, 우리의 임신중지 시술은 단순한 압박 수단을 넘어 개인의 책임의식과 집단의 저력을 동시에 고취함으로써 의료 권력, 아니 권력 그 자체와의 관계를 근본적으로 바꿔놓았다.

1975년 2월에 베유 법안이 가결된 후에도 우리의 임신중지 시술은 몇 달간 계속되었다. 법이 초기에는 제대로 힘을 쓰지 못했기 때문이다. 그 후 우리는 변화된 상황에서 한동안 거리를 두고 심사숙고할 필요가 있었기에 시술을 전면 중단했다.

2. 법 이후: 플라스 데 페트 여성 단체

우리 중 몇몇은 1976년에 플라스 데 페트에서 활동했다. 이 조직은 양심적 병역 거부자를 위한 투쟁 단체, 지역 청년 단체, 데이케어센터, '급식소', 여성 단체 등이 한데 모인 일종의 '권리 찾기 백화점' 같은 곳이었다. 우리는 우리 여성의 일을 여성 집단의 힘으로 해결한다는 이념으로 뭉쳤다.

▶ 우리의 몸을 의료 권력에 내어주지 말자

플라스 데 페트 여성 단체는 1977년 3월에 있었던 MLAC 엑스 재판에서 피고석에 선 여성들을 지지했다.

우리 단체의 일부 회원은 법안 적용을 앞두고 병원들을 압박하려 한 MLAC 투사들과 손을 잡고 임신중지 시술 재개에 들어가는 한편, 공동 진찰을 조직화했다. 우리는 공동 진찰의 틀 안에서 산부인과적 문제들을 검토하고 진단하는 법을 배웠다. 산부인과 의사나 조산사에게서 피임링 장착하는 법이나 임신과 출산 과정에 대해서도 배웠다. 릴라 조산원에서 일하는 분들이 참여해주었다.

여성이 자기 몸을 의료 권력에 무작정 맡기지 않고 스스로 알고자 하는 경향은, 시술을 직접 했던 여성운동가들의 영향이기도 하지만 미국 페미니스트 단체들에게서 받은 영향이기도 했다. 가령 보스턴에서 나온 『우리 몸은 우리 자신이다』가 1977년에 프랑스어로 번역되었다.

우리는 릴라, 블루에, 콜롱브의 루이마리에 등을 제외한 대부분의 병원이 임신중지를 올바르게 시술하고 있지 않다는 사실을 확인했다. 우리가 직접 하는 시술이 의사들의 시술보다 더 여성 친화적이고 정신적 외상을 덜 남긴다는 점을 확인한 것이다. 그래서 이 시기부터 베유 법이 임시법 지위를 넘어 1979년 확정이 될 때까지 우리는 계속해서 임신중지 시술을 하고, 여성들과 함께 배우고 함께 시위를 했다. 그러다가 임신중지에 대한 권리가 차차 자리를 잡고 가족계획센터들이 생기면서 우리의 단체 생활은 와해되었다. 시술을 계속해온 여성들이 기술자가 되어버린 기분에 빠진 참이기도 했다. 우리의 시술은 끝났다.

우리 집단에서 어떤 이들은 같이 활동했던 이들의 도움을 받아 집에서 아이를 출산했다. 또 어떤 이들은 아예 조산사로 취직을 했다.

대부분은 임신중지 합법화 운동을 하면서 맺은 인연을 오랫동안 지켜나갔다. 우리는 심오한 인생사와 그 변화를 함께한 사이였으니까.

3. 40년이 지난 오늘날…

우리 중 몇몇은 파리 20구에서 트농 병원 인공임신중지센터 재개를 촉구하는 여성 단체들을 구성하거나 그 활동에 참여했다.

우리는 우리 몸을 의사에게 무작정 맡겼다. 우리는 방심했다. 우리는 다소 망각에 빠졌다.

나는 우리의 집단행동이 얼마나 많은 변화를 만들어내고 그 변화를 떠받쳤는지 잘 안다. 하지만 여성들의 투쟁으로 얻은 그 모든 것이 얼마나 매순간 가부장적 권력과 도덕적 명령에 발목을 잡히고 문제시될 수 있는지도 잘 안다.

오늘날 이 문제를 이해하고자 하는 젊은 여성들에게 내가 전하고 싶은 것은, 투쟁적인 실제 행동의 정확한 재구성이다. 재구성된 실제 행동은 투쟁의 이유 자체를 넘어서서 우리 자신을 바라보게 하고, 권력과 해방에 대한 우리의 관계를 물리적으로나 지성적으로나 완전히 바꿔놓는다.

MLAC의 짐 가방

카먼 시술에 필요한 도구 가방이 기적적으로 34년 전 모습 그대로 남아 있다. 이 가방을 보관하고 있던 브리지트 도뒤 덕분에 나는 그녀의 집에서 내 눈으로 그것을 살펴볼 수 있었다. 그 가방은 우리가 어릴 때 쓰던 가방과 심란하리만치 비슷했다. 우리 집 다락방에 처박혀 있던 종이상자가 생각났다. 언젠가 상황이 맞아떨어져서 혹은 우연한 기회에, 증인 노릇을 할 날을 기다리는 사물들의 능력을 생각나게 해주었다.

브리지트는 나에게 따뜻한 차 한 잔을 내주었다. 그 옛날, 시술을 받기 위해 가슴 졸이며 찾아온 여성들을 맞이하던 때처럼 말이다. 우리는 피차 감흥에 젖었다.

브리지트는 가방을 열고 그때 쓰던 도구들을 사용 순서대로 하나하나 꺼냈다. 그녀는 도구의 이름을 가르쳐주고 용도를 설명했다. 이런 외과도구들은 피에르 부탱처럼 MLAC 활동을 지지했던 의사들이 의료기기 유통사에 주문서를 넣어 보급해주었다.

릴라 조산원의 설립자 피에르 부탱과 그 부인을 알고 지냈어요.

굉장히 좋은 사람들이었고 부부가 아주 일심동체였죠.

그 얘기도 할걸요!

우리는 오기노와 오기네트니까.

가방과 그 내용물

1. 가방 안에는 소유자가 릴라 조산원에서 근무하는 의사 피에르 부탱의 것임을 나타내는 라벨이 붙어 있다. MLAC 운동가들이 경찰 검문을 당할 경우를 대비해 이런 라벨을 붙였다고 한다.

2. 시술 전에 작성해야 하는 문진표와 전달해야 할 설명서.

3. 미주신경 쇼크를 예방하는 약물 주사기.

4. 경련과 출혈을 막는 약품 앰풀: 부스코판, 아트로핀, 메테르진.

5. 앰풀 오프너.

6. 극심한 통증을 호소할 때 사용한 비세랄진.

7. 반창고, 손톱 솔, 캐뉼러 바늘(25번) 등의 소도구들.

8. 마지막 월경일을 기준으로 한 임신 기간 계산기.

9. 자궁 촉진을 할 때 사용하는 손가락 씌우개(임신 진행이 계산 결과와 맞는지 확인하는 데 사용).

10. 무균 장갑.

11. 습포.

12. 긴 양말(시술을 받는 여성은 다리에 한기를 느낀다).

13. 의료도구 받침.

14. 자궁경부를 관찰할 때 사용한 손전등.

15. 시술을 받는 여성이 원하는 경우, 진행 상황을 보여주는 데 쓰던 거울.

16. 살균용 도구 상자: 포지 핀셋(17번), 습포용 핀셋(18번), 질경(19번)을 보관하는 데 쓰였다.

17. 시술을 진행하는 동안 자궁을 고정시키는 포지 핀셋.

18. 자궁경부 소독용 습포 핀셋.

19. 일회용 플라스틱 질경.

20. 소식자(24번)와 캐뉼러(25번)를 무균 보관한 통.

21. 20번 통의 뚜껑(속에 살균 캡슐이 들어 있음).

22. 베타딘 액: 피부 소독과 수술대 소독에 쓰였다.

23. 베타딘 액을 습포나 의료도구에 뿌릴 때 사용한 통.

24. 자궁경부 확장에 쓰인 소식자. 가장 가는 것부터 시작해서 캐뉼러보다 약간 큰 것까지 점점 크기를 늘려간다.

25. 다양한 크기의 캐뉼러. 임신 단계에 따라 사용하는 크기가 다르다. 유연하고 잘 접히기 때문에 자궁벽에 큰 충격을 주지 않는다.

26. 수술대에 걸어놓고 자궁 내에서 흡입한 물질을 모으는 데 쓰인 병.

27. 흡입이 충격을 주지 않도록 강도를 조절하는 압력계.

28. 자전거 역(逆)펌프(30번)를 병과 연결해서 진공을 만드는 고무관.

29. 캐뉼러와 연결하는 고무관.

30. 친구들이 역방향으로 개조한 자전거펌프.

31. 흡입물을 모아서 제거가 잘됐는지 확인하는 데 쓰인 체.

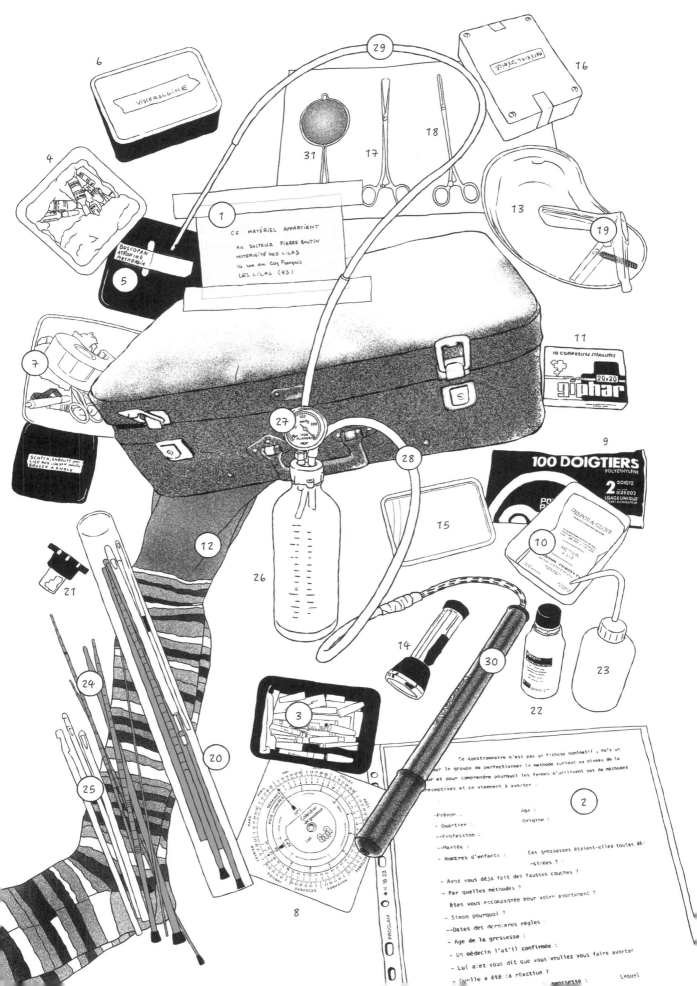

이 가방을 들고 지하철에
탈 때면 굉장히 겁이 났고,
마치 알제리해방운동 군자금 가방을
나르는 기분이었어요.

마리피에르 마르티네와 가족계획

편집자의 조언에 따라 우리는 프랑스 가족계획운동 사무국
장 마리피에르 마르티네를 만나보았다. 우리는 인공임신중
지 반대론자 인턴 청년의 질문, 주장, 논증을 문서로 정리해
서 들고 갔다. 우리는 마리피에르와 두 시간 동안 대화를 나
눈 후 참고도서와 자료를 한아름 안고 나왔다.
그중에서도 다음은 우리에게 아주 소중한 자료가 되었다.

『자유, 성, 페미니즘. 여성의 권리를 위한 가족계획 투쟁 50
년Liberté, sexualités, féminisme. 50 ans de combat du Planning
pour les droits des femmes』 나는 내가 태어나기 3년 전에 발
족한 이 단체를 안다고 생각했다. 하지만 책을 읽고서 새로
운 사실들을 아주 많이 알게 됐다!

『어떤 선택의 역사. 피임과 인공임신중지에 대한 흥미로
운 증언 모음Histoire d'un choix. Témoignages autour de la
contraception et de l'ivg』 이 증언 중 어떤 것은 자연스럽게 우
리의 이야기 속으로 들어왔다(DVD 구입 가능).

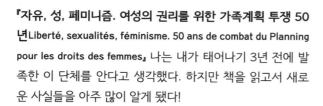

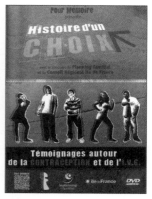

『부정Le déni』 교회가 옹호하는 가부장적 모델에 대한 연구
조사. 나는 어릴 적에 '등록된(immatriculé)'과 '원죄 없는 잉태
(immaculée conception)'를 자주 헷갈렸는데 이 책을 읽고는 헷
갈리지 않게 되었다!

『배아는 생명체인가?L'embryon est-il un être vivant?』 이 에
세이의 저자는 태아의 삶에 대한 몇 가지 선입견들을 매우
교묘하고도 설득력 있게 바로잡는다.

모니크 발랑티노와 조엘 브뤼네리

어떤 여성들은 나에게 한없는 사랑을 불러일으켰다. 그들은 나의 영웅이다. 나는 그들에게서 용기를 얻었고 나 또한 이 바닥에 속해 있다는 자부심을 느꼈다. 그들을 바라보고 그들의 이야기를 듣고 그들의 책을 읽으면서 그들의 존재를 느끼길 원한다. 조엘 브뤼네리카우프만과 모니크 발랑티노가 바로 그런 여성들이다.

나는 내가 글쓰기 강좌를 맡고 있던 교육 센터에서 모니크 발랑티노를 만났다. 우리가 우연히 만났을 때 마침 나는 알랭과 함께 첫 책을 발표한 참이었다. 그때부터 그녀의 삶은 나의 글쓰기에 함께했다. 마취과 전문의로 시작해서 릴라 조산원에서 헌신적으로 일한 그녀의 깊은 연륜과 탁월한 인품에 비견할 만한 것은 그녀의 진실한 겸손뿐이다.

우리는 베유 법 이전의 비극적인 낙태 실태를 이야기하는 장면에서 자연스럽게 모니크와 조엘 브뤼네리카우프만을 나란히 배치했다. 하지만 그때는 모니크의 부인과 주치의가 조엘 브뤼네리였다는 사실을 전혀 몰랐다!

모니크는 조엘 브뤼네리를 꼭 만나보라고 권했다. 나는 그럴 수 없었다. 이미 그녀는 다양한 매체에서 목소리를 냈기 때문에 그녀의 증언에 접근하기란 어렵지 않았다. 그래서 괜히 사람을 귀찮게 하는 일이 될 것 같았다. 하지만 모니크는 재차 권했다. 그래서 집에 돌아와 임신중지 합법화 투쟁의 주역 중 한 사람인 부인과 의사 클로딘 제리투아티를 통해 그녀의 이메일 주소를 얻었다. 내가 보낸 메시지는 금세 답장을 받았다. 그리하여 바로 그다음 주에 알랭과 나는 조엘 브뤼네리와 함께 점심식사를 하게 되었다. 그날 하늘을 나는 갈매기들이 아주 시끄럽게 울었던 기억이 난다….

그녀에 대한 기존의 내 생각은 빙산의 일각이었다. 그토록 열정적이고 에너지가 넘치는 여성에게 빙산이라는 이미지 자체가 별로 어울리지 않지만 말이다.

조엘 브뤼네리는 우리에게 「가슴에서 배로」[7]라는 다큐멘터리를 추천했다. 우리는 이 훌륭한 영화에서 낙태를 시술한 의사 331인 선언 기자회견 당시의 그녀 모습을 볼 수 있었다. 그 불안 가득한 표정을 보면서 그녀가 공식 입장을 표현하기까지 얼마나 큰 용기가 필요했을지 짐작할 수 있었다.

아르망 자모는 토론회를 열고 「어머니가 될 것인가 말 것인가라는 선택」이라는 특별 프로그램을 만들기로 했어요. 그는 GIS와 접촉했는데 그쪽에서 활동하던 친구들이 나보고 "네가 해봐"라고 하더군요. 텔레비전에 나가는 건 난생처음이어서 굉장히 떨렸어요.

1973년 3월 27일

발언하겠습니다!

맞은편에 앉아 있던 여자 의사가 자기는 낙태를 해달라는 여자가 있으면 "그 아기는 낳으세요. 나중에 정히 원하시면 불임으로 만들어드리지요"라고 말한다고 하더군요. 어떻게 그렇게 끔찍한 말을!

TV 출연 후에 연세가 있는 여성분들의 편지를 정말 많이 받았어요. "텔레비전을 보면서 눈물을 줄줄 흘렸습니다. 내가 내 손으로 얼마나 여러 번 애를 뗐는지 아무도 모를 겁니다!"

나는 페미니스트이기 이전에 의사로서 이 투쟁에 뛰어들었어요. 이 재앙을 어떻게 해서든 끝내야 한다고 생각했죠.

7   vimeo.com/77331979에서 시청 가능.

우리의 견해를 모두에게 강요하려는 게 아닙니다. 낙태자유화를 지지한다는 것은 저마다 자신의 신념에 따라서, 자기 처지에 따라서 선택해야 한다는 뜻입니다.

의사 331인 선언 기자회견장

어떤 비밀 이야기

탕기 페롱

에 실질적으로는 1970년대 초부터 서서히 힘을 발휘했다. "나는 그 후로도 몇 년을 더 싸워야만 법 적용 명령들이 제대로 시행될 거라고는 생각도 못 했습니다"라고 뤼시앵 뇌비르트는 훗날 말하기도 했다.

우리가 존경하는 역사학자 탕기 페롱의 추천으로 마리아나 오테로 감독의 다큐멘터리 영화 「어떤 비밀 이야기」를 보았다. 이 다큐멘터리에는 28세에 사망한 화가 클로틸드 보티에의 남편 안토니오 오테로의 감동적이고도 아름다운 증언이 실려 있다. 그의 아내는 1968년에 불법 낙태로 인한 패혈증으로 죽었다.

클로틸드 보티에가 불법 낙태 후유증으로 사망한 1968년 당시만 해도 프랑스는 피임과 낙태를 모두 금지할뿐더러 피임약 광고조차 못 하게 하는 1920년 법을 여전히 따르고 있었다. 피임을 합법화하는 뇌비르트(Neuwirth) 법이 가결된 것이 1967년이다. 뇌비르트 법도 베유 법만큼이나 시끄러운 논쟁을 거쳐 겨우 통과되었지만 저항이 만만치 않았기 때문

나는 지금도 죄책감을 느낍니다. 애는 우리 둘이서 만들었는데 나는 살았고 아내만 죽었어요.

으레 그렇지만 여자들이 치러야 하는 대가가 너무 큽니다.

안토니오 오테로

고증 자료

책과 논문

• Annie Ernaux : 《J'ai toujours été persuadée
que rien n'était gagné pour les femmes》,
entretien réalisé par Mina Kaci, L'Humanité,
3 février 2014 .
• Marie-Claire, numéro spécial 《25 ans
de Marie-Claire, de 1954 à 1979》, 1979.
• Assemblée nationale, séance du 26-11-1974,
Journal Officiel.
• Au commencement était la mer, Maïssa bey,
L'Aube, 2003.
• Des enfants malgré nous, Jacques Derogy,
Les éditions de Minuit, 1956.
• 《Désir d'enfant》, Informations sociales
(revue éditée par la Cnaf), n ° 107, 2003.
• Elle. Nos cinquante premières années,
Filipacchi, 1995.
• 《Expertise scientifique et capital militant.
Le rôle des médecins dans la lutte pour la
légalisation de l'avortement》, sandrine Garcia
in Actes de la Recherche en sciences sociales
2005/3, n ° 158, seuil.
• 《Genre et militantisme dans le Mouvement
pour la liberté de l'avortement et de la
contraception》, bibia Pavard
http://clio.revues.org/9217.
• Guide des sources de l'histoire du féminisme,
Christine bard, Annie Metz et Valérie neveu (dir.),
PUR, 2006.
• 《IVG : les femmes ne viennent pas par plaisir》,
nathalie Gresset et sasha Mitchell
lavantpost.info/ivg-les-femmes-ne-viennentpas-
par-plaisir, 17 mars 2014.
• J'ai avorté et je vais bien, merci ,
Les filles des 343, la ville brûle, 2012.
• L'avortement en Seine-Saint-Denis,
où en est-on ?, MFPF 93, 2011.
• L'Écho de l'Ancic, bulletin trimestriel
d'information, n ° 7, juillet 2012.
• L'embryon est-il un être vivant ?,
Francis Kaplan, Le félin, 2008.
• L'événement, Annie Emaux, Gallimard, 2000.
• 《L'événement d'Annie Ernaux》, nancy Huston,
Le Magazine littéraire, 24 juillet 2012.
• L'Express, soixante ans à la Une,
La Martinière, 2011.

• L'œuvre de Dieu, la part du Diable,
John Irving, seuil, 1995.
• L'Ordre et l'avortement : la question de l'oubli
et celle de l'hypocrisie, jeanyvesnau.com
(blog de Jean-Yves nau), 3 mars 2013.
• La bataille de l'avortement, La Documentation
française, 1986.
• La cause des femmes, Gisèle Halimi,
Grasset, 1973.
• Le Déni, enquête sur l'Église et l'égalité
des sexes, Maud Amandier, Alice Chablis,
bayard, 2014.
• Le MLAC chante, le MLAC lutte, le MLAC
continue, recueil de chansons, MLAC, 1977.
• Le MLAC et la lutte pour le droit à l'avortement,
Maud Gelly, fondation-copernic.org.
• Le Planning familial. Histoire et mémoire
(1956-2006), Christine bard et
Janine Mossuz-Lavau (dir.), PUR, 2007.
• Les hommes aussi s'en souviennent. Une loi
pour l'histoire, simone Veil, stock, 2004.
• Liberté, egalité, sexualités, 50 ans de lutte,
Mouvement français pour le planning familial,
2014.
• Maman n'habite plus ici, Judy sullivan,
Denoël/Gonthier, 1975.
• Maternité, affaire privée, affaire publique,
Yvonne Knibiehler (dir.), bayard, 2001.
• Notre corps, nous-mêmes, Collectif de boston
pour la santé des femmes, Albin Michel, 1977.
• 《nous, médecins, voulons partout dans le
monde que l'avortement soit libre》,
Agathe Logeart, L'Obs, 17 septembre 2014.
• Oui nous avortons !, Bulletin spécial du Groupe
Information santé (GIS), 1973.
• Paris Match, 50 ans, Filipacchi, 1998.
• Paroles d'avortées, quand l'avortement était
clandestin, Xavière Gauthier, La Martinière, 2004.
• 《J'étais un des initiateurs des avortements
clandestins》, témoignage de Patrick Wiener,
Julien Joly, 12 mars 2012, rennes1720.fr.
• Questions pratiques sur la contraception,
MLAC Paris XIXe, n.d.
• 《SOS Grossesse, une enquête》, Commission
Ras l'front contre la préférence familiale, 1998.
• Un crime : l'avortement, Ivan Gobry,
Hubert saget, nouvelles éditions latines, 1971.

영화(극영화와 다큐멘터리)

- 「4개월 3주 2일」, 크리스티안 문주 감독, 2007.
- 「가슴에서 배로」, 알리스 고뱅, 프랑스2 방송, 2012.
- 「A의 이야기들」, 샤를 벨몽 & 마리엘 이사르텔, 1974.
- 「어떤 선택의 역사. 피임과 인공중절에 대한 흥미로운 증언 모음」, 참고 기록, 2009.
- 「어떤 비밀 이야기」, 마리안 오테로, 2004.
- 「더 월」, HBO 필름, 데미 무어 주연, 1996.
- 「까마귀」, 앙리조르주 클루조, 1943.
- 「신의 사무실」, 클레르 시몽, 2008.
- 「정부의 아이들」, 클로드 르페브르주르드, 1974.
- 「노래하는 여자, 노래하지 않는 여자」, 아녜스 바르다, 1977.
- 「보라, 그녀가 눈을 크게 뜬다」, 얀 르 마송, 1980.
- 「시몬 베유, 한 여성의 법」, 카롤린 위페르, 2007.
- 「시몬 베유, 여성의 이름으로 수립된 법」, 발레리 만, 리샤르 퓌에크, 2010.
- 「여자들의 일」, 클로드 샤브롤, 1988.

온라인 자료

- archivesdufeminisme.fr
- ivg.gouv.fr
- ivglesadresses.org
- planning-familial.org

오리지널 사운드트랙

2014년 5월, 자유지상주의도서전에서 한 남자가 퓌블리코의 부스 앞을 지나가다가 독자들에게 사인을 해주고 있던 우리에게 말을 걸었다. "당신네들은 우라질 80년대라고 했지만 우리 할아버지가 1914년에 전쟁터에서 겪은 일에는 비할 것이 아니지요!" 그의 말투는 유독 날이 서 있었다. 나는 그 사람과 정면으로 부딪치지 않고, 아무나 맨 먼저 지나가는 사람을 붙잡고 그가 한 말을 유머러스하게 그대로 되풀이했다. 그때 지나가다가 나에게 걸린 사람이 필리프 게리에리다. 그 일을 계기로 우리는 많은 대화를 나누었다. 그는 '할아버지가 전쟁터에서 겪은 일'을 다룬 만화를 사서 우리에게 선물하기까지 했다. 알랭이 옆에서 열심히 사인을 하는 동안, 그는 우리 책을 위한 오리지널 사운드트랙을 만들고 싶다면서 자기 계획을 자세히 설명했다.

그리고 몇 달 후, 우리는 이 만화를 아직 절반도 완성하지 못한 상황에서 「선택」의 오리지널 사운드트랙을 먼저 받아보게 되었다. 하긴, 영화의 오리지널 사운드트랙은 영화의 기획 단계에서부터 작업하고 최종적으로 감독의 선택을 거친다.

그렇지만 우리는 이 책의 사운드트랙을 음악을 업으로 하는 독자의 선물 비슷한 의미로 받아들였다.

이 사운드트랙에서 마리옹 뷔스카를레가 티펜 뷔스카를레의 클라리넷 연주에 맞춰 부른 노래, 1971년 11월 20일의 페미니스트 시위에서 처음 불린 「여성 찬가」의 편곡 버전을 들을 때면 행복해진다. '우리 할아버지가 전쟁터에서 겪은' 싸움이 아니라, 거리로 뛰어나간 우리 어머니들과 할머니들의 투쟁의 사운드트랙이다!

감사의 말

무산될 수도 있었던 프로젝트를 붙잡아주고 우리가 원고를 보낼 때마다 열광적으로 성원해준 마리안 주쥘라와 라파엘 토마에게 거듭 감사한다. 책으로 만들겠다는 출판사가 있어야 글쓰기도 잘되는 법이다.

『그 일』을 쓴 작가이자 이 만화를 처음부터 뜨겁게 지지해준 아니 에르노에게 거듭 감사한다.

카린 도르보, 블랑딘 라쿠르, 파스칼 모를리에르, 클로디아 파샹들레, 그리고 우리에게 첫 번째 그림을 의뢰해준 평등협회에 거듭 감사한다. 그 한 장의 그림이 우리에게 뒷이야기도 그려보고 싶다는 의욕을 불러일으켰다.

2014년에 매주 우리를 찾아와 기쁨을 안겨주고 많은 것을 가르쳐준 페드로 아티아스에게도 거듭 감사를 표한다.

우리에게 자신의 경험을 나누어준 모든 이에게 감사한다. 베로니크 바가리, 조엘 브뤼네리카우프만, 브리지트 도뒤, 솔렌 두게, 클로딘 제리투아티, 안 주베르, 크리스, 마리클로드 라자유느뵈, 마리피에르 마르티네, 도미니크 플라토, 마틸드 푸아미로, (38년 만에 다시 만났음에도 변치 않는 우정을 보여준) 실뱅 수상, 모니크 발랑티노, 루이즈 올리비에 랑데에게 고마움을 전한다.

우리의 작업에 우정과 관심을 보여주고 격려해준 모든 이에게 감사한다. 파트리크 오수, 토마 오제르, 수피안 벨라스크리, 파크리트 보빌레스코, 사뮈엘 쇼보, 장뤽 & 아니 데리크, 아델 펠트장, 자크 & 쉬잔 프라피에, 프랑시스 그루, 카트린 그뤼페, 필리프 게리에리, 알랭 & 카트린 로랑송, 나벨 루에라, 장 밀베르그, 필리프 모랭, 소피 뇌빌, 랭다 우아르, 가렐 페렐, 탕기 페롱, 뤽 & 파누 페이로, 카트린 사벨리코, 베로니크 세르바, 피에르 트리피에, 그리고 우리 책을 읽어준 모든 독자들에게 감사한다.

'선택'을 옹호하고, '선택' 너머의 변화를 만들어온
역사에 대한 이야기

— 나영(성적권리와 재생산정의를 위한 센터 셰어 SHARE 대표, 모두를위한낙태죄폐지공동행동 공동 집행위원장)

이 책의 제목 『선택LE CHOIX』은 프랑스 임신중지 합법화의 역사에 결정적인 영향을 미친 '보비니 재판'
의 변호사 지젤 알리미가 설립한 단체 슈아지르(Choisir, 선택하다)의 명사형이기도 하다. 지젤 알리미는
1971년의 '343인 선언' 직후 시몬 드 보부아르와 함께 이 단체를 설립하여 선언 참여자들에게 법적
도움을 주었고, 이후 보비니 재판의 승소를 위해 적극적으로 활동했다. 우리는 이 책에서 여성들이 임
신의 유지가 아닌 중지를 선택했다는 이유로 위험에 내몰리는 현실을 바꾸기 위해 적극적으로 실천하
고 투쟁했던 많은 여성들과 단체의 이름을 만난다.

1970년대는 프랑스뿐 아니라 미국 등 다른 나라에서도 임신중지 합법화를 위한 운동이 적극적으로
벌어졌던 시기이기도 하다. 수많은 의료인과 페미니스트, 노동조합, 사회운동 단체의 활동가들이 구
속까지 무릅쓰고 운동에 나섰으며, 이들은 임신을 중지하기로 선택한 여성들이 더 위험한 환경에서
임신중지를 시도하다 건강과 생명을 잃지 않도록 직접 기술을 익히고, 도구를 만들고, 동행하며 함께
싸웠다. 각국에서 벌인 다양한 시도와 실천, 운동 방법이 서로에게 소개되어 급진적인 변화를 이끌어
냈다.
이 책에 등장하는 진공흡입술인 카먼Karman 방법도 미국 UCLA에서 심리학을 공부하던 하비 카먼
Harvey Leroy Karman이 직접 발명한 것이었다. 그는 같은 학교의 학생들이 처벌을 피해 안전하지 못한
시술을 받다가 사망하거나 자살하는 현실을 보았고, 결국 직접 낙태시술을 익혀 임신중지를 돕다가
감옥에서 2년 반을 복역하기도 했다. 그러나 감옥에서 나온 후에도 시술을 계속하면서 임신중지 합법
화 운동을 하다가 부드러운 관을 이용해 수동으로 보다 안전하게 시술을 할 수 있는 도구를 개발한
것이다. 국경을 넘어 이어진 이러한 실천들은 처벌과 낙인으로 인해 그저 개인이 홀로 아무도 모르게
감당해야 했던 일들을 사회적 문제로 드러냈고, 안전한 임신중지 또한 여성의 건강권 문제이며, 국가
와 의료인에게는 이에 대한 책임이 있다는 인식을 만들어냈다.

그래서 이 책의 제목 『선택』은 여기서 또 하나의 의미를 가진다. 바로, 실천으로서의 '선택'이다. "정당
한 권리를 구걸할 이유가 없다. 우리는 그 권리를 위해 싸운다"는 MLAC(Mouvement pour la Liberté de
l'Avortement et de la Contraception, 임신중지와 피임의 자유를 위한 운동)의 포스터가 말해주듯이, 이들은 단지
국가에 호소하는 방식으로 임신중지 합법화를 위한 싸움을 하지 않았다. 대신 지금 당장 필요한 일들
을 직접 실천하는 행동으로 정부와 사회가 이 문제를 심각하게 고려하지 않을 수 없게 만들었다. 설령

구속이 되고, 직업을 잃게 되더라도 이들은 당장 도움이 필요한 여성들의 곁에 서는 길을 선택했고, 법의 문제를 알리기 위해 자신의 이름을 걸고 스스로 법이 금지하는 일을 했음을 선언하는 길을 선택했다. 그 선택이 모여 끝내 법을 바꾸고 현실을 바꿔왔음을 보여주는 것이 이 책이 담고 있는 또 하나의 중요한 이야기이다.

그런데 그 길을 선택한다는 것은 무엇을 위해 이토록 중요했을까. 임신중지 합법화를 위한 투쟁은 흔히 '임신중지를 선택할 권리'를 옹호하기 위한 싸움으로 이해되어왔다. 하지만 '임신중지를 선택할 권리'라는 말을 자칫 단순하게 이해하면 이 선택이 단지 여성 개인적인 의사 결정의 문제일 뿐인 것처럼 다뤄지게 된다. '태아의 생명권 대 여성의 결정권'이라는 구도 속에서 오로지 여성 개인의 선택에 대한 도덕적 판단만이 그 결과로 남게 되는 것이다. 우리가 더 중요하게 관심을 가져야 할 것은 이 선택이 왜 그토록 오랫동안 처벌의 대상이 되어왔으며 여성만이 그 선택에 대한 도덕적·법적 책임을 져야 하게 되었는지, 이 선택을 처벌로써 가로막아온 국가의 의도는 무엇인지, 임신의 유지 혹은 중지라는 선택에 영향을 미치는 정치·경제·사회·문화적 조건들은 무엇인지에 관한 것이다. 그 처벌의 결과로 여성들에게는 어떠한 불평등과 차별, 강요, 폭력, 낙인이 계속되어왔는지, 여성들의 성 건강과 피임, 임신, 임신중지에 관련된 보건의료의 현실은 어떻게 더 낙후되고 위험을 방치하게 되었는지에 관한 역사와 현실이 바로 이 '임신중지를 선택할 권리'라는 말에 담겨 있는 진짜 의미인 것이다.

시민이라면 누구나 자신의 몸과 삶에 중대한 영향을 미치는 일에 대하여 스스로 결정을 내릴 권리가 있음에도, 여성들은 임신을 유지하거나 중지할 것인지에 대한 결정을 스스로 할 수 없었다. 국가와 사회가 아주 구체적인 의도를 가지고 그 권리를 막아왔기 때문이다. 그 목적은 태아의 생명을 위한 것도, 여성의 건강을 위한 것도 아닌 국가의 인구 관리와 성적 통제를 위한 것이었고, 여성들이 그러한 국가의 목적에 순응하도록 만들기 위한 것이었다.

1810년부터 형법에 따라 징역형을 받아야 했던 프랑스 여성들은 1920년 제정된 '낙태와 피임 처벌법'에 의해 공공장소나 회합에서 임신중지에 관한 연설을 한다든지 관련 도구 등을 선전하거나 판매하는 것만으로도 처벌을 받게 되었다. 당시 프랑스 정부는 저출산 현상을 막아보겠다고 이런 법을 만들었다. 여성들은 원치 않는 임신을 피할 방법조차 아무것도 없는 상태에서 임신을 하고 낳기를 반복할 수밖에 없었고, 파트너나 남편과의 관계, 사회경제적 상태, 그에 따른 자신과 자녀에 대한 삶의 여건들도 무조건 감당할 수밖에 없었다. 성적 불평등은 성관계에서의 협상을 더욱 어렵게 만드는 조건으로 항상 존재했고, 순결만을 강조하는 성교육은 더 큰 무지와 어려움을 만들 뿐이었다. 프랑스가족계획운동(MFPF, Mouvement Français pour le Planning Familial)을 비롯한 여러 단체들의 적극적인 활동을 통해 피임이 자유화된 것도 1967년에서야 이루어진 일이었다. 경제적인 여건이 되는 여성들은 개별적으로 돈을 들여서라도 시술해줄 의사를 찾거나 영국이나 스위스 등 외국으로 가서 임신중지를 할 수 있었지만, 가난한 여성들일수록 계속해서 안전하지 못한 임신중지로 후유증을 겪거나 사망할 수밖에 없었다.

이런 현실 속에서 1968년 5월 소르본 대학에서 시작된 '68혁명'의 물결은 전쟁 반대와 함께 계급 문제와 반인종주의, 반식민주의, 생태주의, 성적 억압에 대한 저항 등을 아우르며 임신중지의 문제 또

한 이러한 사회적 억압의 구조 속에서 제기할 수 있는 계기를 마련해주었다. 이후 이 책에 등장하는 여성해방운동(MLF, Mouvement de Libération des Femmes)이 1970년에 결성되었고 MLAC는 1973년에 결성되었다. 임신중지 합법화의 구호는 노동자 총파업의 현장에서, 전쟁 반대 집회의 현장에서 함께 외쳐졌고 학교와 직장에서의 탁아소 설치, 동일임금 요구, 가부장제의 억압과 성에 대한 억압으로부터의 해방에 대한 요구가 같이 연결되었다. 중요한 점은 임신중지 합법화에 대한 요구가 그저 여러 요구나 구호 중의 하나로서 존재했던 것이 아니라, 임신중지에 대한 처벌이 곧 성적 억압을 통해 국가가 원하는 방식의 가족 구성과 인구 재생산만을 유도하고 계급과 인종에 따른 억압과 차별을 유지시키는 중요한 정치적 도구였다는 인식을 바탕으로 사회운동의 중요한 요구가 되었다는 점이다. 따라서 단지 처벌의 중단만이 아니라 "자유롭고 합법적인 무상 임신중지"가 이 운동의 목표였다. 의료인들은 건강정보그룹(GIS, Groupe Information Santé)을 통해 의료 지식과 정보를 공유하고 보다 많은 사람들이 임신중지와 피임, 성 건강에 관한 진료를 공공의료를 통해 누릴 권리를 주장했다.

책에 등장하는 '보비니 재판'은 이러한 운동의 요구가 얼마나 중요한지를 상징적으로 보여주는 사건이었다. 이 사건의 피고인이었던 마리클레르 슈발리에Marie-Claire Chevalier는 성폭력으로 인해 임신을 하게 된 10대 여성이었고, 그녀의 어머니는 남편과의 별거 상태에서 파리교통공사에서 일하며 혼자 세 명의 딸을 키우는 노동자였다. 이들이 임신중지 시술을 해줄 병원을 찾아다녔을 때 산부인과 의사들은 불법인 상황을 이용해 어머니 미셸이 받는 월급의 세 배에 달하는 비용을 요구했다. 그런 와중에 직장 동료들을 통해 어렵게 시술해줄 의사를 찾았는데 가해자인 남성이 자동차 절도죄로 체포되었다가 마리클레르의 임신중지 사실을 경찰에 알리면서 마리클레르와 어머니, 친구들, 시술자가 모두 기소되었던 것이다. 결국 지젤 알리미의 변호와 많은 단체들의 적극적인 활동을 통해 마리클레르는 무죄 판결을 받았지만 시술한 의사는 징역 1년에 집행유예를, 어머니 미셸과 동료들은 벌금 500프랑에 집행유예를 선고받았다. 이 사건은 임신중지 합법화 문제가 계급 불평등에 관한 문제이자, 안전한 의료 접근성에 대한 문제이며, 성적 불평등과 차별에 관한 문제라는 사실을 분명하게 확인시켜주었다.

1974년 퐁피두 대통령의 사망 이후 치러진 선거에서 임신중지 합법화는 중요한 공약 중 하나가 되었고, 같은 해 11월 마침내 보건복지부 장관 시몬 베유의 이름을 따 '베유 법'이라고 부르는 '자발적 임신중지에 관한 법'이 의회를 통과하여 1975년 1월 공포되었다. 하지만 이 법에 실망한 마틸드의 반응에서 알 수 있듯이 베유 법은 당시 운동의 요구에 비하면 너무 소극적이고 보수적인 법이었다. 반대파의 주장을 의식해 법을 통과시키기 위해 너무 많은 전제 조건과 제약이 규정되었고, 일단 5년 동안만 법이 새롭게 규정하는 조건에 한해 처벌을 중단한다는 내용이었다. 임신중지를 합법적으로 할 수 있는 시기는 착상 후 10주(한국 기준으로는 임신 12주, 한국을 비롯해 대부분의 나라에서는 마지막 월경일을 기준으로 하는데 2주 정도 차이가 난다)까지였고, 임신중지를 하려는 여성은 먼저 상담을 받았다는 증명서를 제출해야 했다. 그리고 상담을 받은 후 의사에게 임신중지를 하겠다는 뜻을 다시 한번 밝힌 다음 다시 일주일을 기다려서야 시술을 받을 수 있는데, 막상 찾아간 의사가 이를 거부할 수도 있다.

결국 여성들은 이런 번거롭고 복잡한 절차를 거치는 동안 합법적인 임신중지가 가능한 시기를 넘기게 되는 상황을 겪게 되었다. '착상 후 10주 이내'라는 합법적 임신중지의 기준은 2001년이 되어서야 12주까지로 연장되었다. 2001년의 법 개정에서는 청소년의 임신중지 시에 의무적으로 받아야 했던 부모 동의에 관한 조항도 삭제되었고, 2015년에는 일주일의 의무 숙려기간이 폐지되었다. 하지만

2020년에 프랑스 의회의 여성 권리 대표단이 발표한 보고서에 따르면 여전히 연간 5천여 명의 여성들이 합법적 임신중지가 가능한 시기를 넘겨 스페인이나 네덜란드 등 해외에서 임신중지를 하고 있다고 한다.

해외로 갈 수 없는 여성들은 여전히 많은 어려움을 감당해야 한다. 평소 월경이 불규칙하거나 피임 사실을 믿고 있다가 임신했다는 걸 뒤늦게 알게 되는 여성들도 많고, 출산하면 같이 키우겠다는 파트너의 약속을 믿고 기다리다가 시기를 놓치는 여성들도 많다. 혹은 파트너나 남편의 폭력, 사회적 낙인의 문제 등으로 인해 임신 사실을 알리지도 못하고 임신중지도 결정하지 못하다가 뒤늦게 하게 되는 경우 등 '임신 12주'라는 시기를 놓치게 되는 경우는 매우 다양하다.

이러한 현실 때문에 프랑스의 여성들과 단체들은 처벌 조항을 완전히 폐지하고 안전한 임신중지를 위한 의료 접근성을 높여야 한다고 주장하며 계속해서 싸우고 있다. 2020년 프랑스 의회에서는 합법적 임신중지가 가능한 기간을 14주까지 연장하는 개정안을 논의했지만 2021년 4월 현재까지 법 개정은 이루어지지 않았다.

2021년 1월 1일부터 한국은 임신중지에 대한 법적 처벌이 더 이상 작동하지 않는 나라가 되었다. 2019년 4월 11일 헌법재판소가 형법 제27장 '낙태의 죄' 중 임신중지를 한 여성을 처벌하는 269조 1항과 여성의 요청에 따라 임신중지에 조력한 의료인을 처벌하는 270조 1항에 대해 헌법불합치 결정을 내렸기 때문이다. 헌법재판소는 2020년 12월 31일까지 헌법에 위배되지 않도록 법을 개정해야 하고 그렇지 않으면 해당 법 조항이 효력을 상실한다고 결정하였으나, 정부와 각 정당, 국회 청원을 통한 법 개정안 등 8개 법안이 모두 국회에서 논의되지 않은 채 '낙태죄' 처벌 조항은 효력을 잃었다.

이러한 결과가 있기까지 한국에서도 오랜 투쟁이 있었다. 프랑스와 달리 한국은 1970년대부터 시행된 국가 주도의 강력한 가족계획 정책으로 형법상의 '낙태죄'에도 불구하고 사실상 임신중지가 가능했지만 처벌 조항이 엄연히 존재했기에 여성들은 언제든지 누군가에 의해 고발을 당하고 처벌될 수 있었다. 국가에서는 하나만 낳으라고 하고, 심지어 '낙태버스'라고 부르던 정부의 가족계획 사업 보건 차량에서 임신중지 시술이 이루어졌지만 그 모든 일은 암암리에 여성이 혼자 감당해야 하는 일이었던 것이다. 합법적인 임신중지가 가능한 조건을 규정한 모자보건법 14조는 배우자의 동의를 요구했고, '우생학적 유전적 정신장애나 신체질환이 있는 경우'라는 조항을 통해 사실상 장애인에게는 본인의 의사와 상관없이 불임시술이나 임신중지 시술이 시행되었다.

'낙태죄'가 사회적 이슈로 떠오른 것은 2009년이 되어서였다. 2000년대가 되어 출산 조절 정책이 '저출산' 대응 정책으로 바뀌자 임신중지에 대한 처벌 강화도 대책으로 강조되면서 2009년 결성된 '진정으로 산부인과를 걱정하는 의사들의 모임(약칭 진오비, 이후 프로라이프 의사회로 전환)'라는 의사 단체에 의해 시술 병원에 대한 제보와 고발이 이루어지기에 이른 것이다. 산부인과 병원들은 처벌에 대한 두려움으로 일제히 시술을 거부했고 여성들은 어렵게 병원을 찾아 비싼 비용을 내고 시술을 받거나 해외로 임신중지를 하러 가야 하는 상황이 되었다. 이러한 상황을 계기로 2010년에 처음으로 '여성의 임신출산 결정권을 위한 네트워크'가 결성되었고 여기에는 여성단체뿐 아니라 여러 사회운동, 인권운동 단체들과 노동조합, 진보 정당 등이 함께 참여했다.

하지만 2012년 8월 헌법재판소는 "여성의 결정권이라는 사익이 태아의 생명권이라는 공익보다 중요하지 않다"며 '낙태죄' 조항에 합헌 판결을 내렸고, 그해 11월 19세의 한 여성은 임신 23주 차에 어머니와 함께 병원을 찾아 전전하다 결국 현금 650만 원을 내고 안전하지 못한 임신중지 시술을 받던 중 과다 출혈로 사망했다. 시술을 맡은 의사는 처벌이 두려워 다른 병원으로 이송하지도 않았다. 이런 시간들을 거쳐 2016년에는 '낙태죄 폐지를 위한 검은시위'가 시작되었고 2017년에는 '모두를 위한 낙태죄 폐지 공동행동'이 결성되었다. 23만 명 이상이 청와대에 '낙태죄' 폐지와 유산유도제의 도입을 요구하는 청원을 하였으며, 온라인을 중심으로 모인 여성들의 '비웨이브' 집회도 이어졌다. 그 이후 수십 차례의 집회와 1인 시위, 서명운동, '낙태죄 폐지'에 동의하는 보건의료인, 법조인, 종교인, 학계, 청소년, 장애인, 성소수자, 노동자 등 각계의 선언이 이어진 끝에 2019년의 헌법재판소 결정이 나올 수 있었던 것이다.

2019년 헌법재판소의 결정은 2012년 결정과는 다르게 임신중지 처벌로 인해 여성들이 실질적으로 사회경제적 불평등과 차별, 낙인을 겪고 있다는 사실을 중요하게 보았고, 이러한 문제들을 해결해나갈 책임이 국가에 있다고 보았으며, 국가는 여성들을 인구정책의 목적에 따라 대해서는 안 된다고 지적했다. 헌법재판소 결정의 이러한 변화는 "낙태가 죄라면 범인은 국가"임을 이야기하며 임신중지는 단순히 개인적인 선택의 문제만이 아니라, 그 선택의 배경에 있는 불평등과 억압에 대한 국가의 책임 문제임을 이야기해온 운동이 있었기에 가능했던 것이었다.

프랑스에서 합법화 이후에도 계속해서 많은 노력과 투쟁이 이어져오고 있듯이, 마침내 비범죄화가 이루어진 지금 우리에게도 많은 변화의 과제가 남아 있다. 여전히 비싼 임신중지 비용으로 안전한 임신중지 시술을 찾지 못하는 이들이 없도록 건강보험이 적용되어야 하고, 시술을 통한 방법이 아니라 약물로도 임신중지를 할 수 있도록 유산유도제가 도입되어야 한다. 임신중지도 다른 진료와 마찬가지로 가까운 동네 병원에서부터 3차 병원까지 체계적이고 안전한 공공 의료 체계 안에서 다루어질 수 있어야 하고, 당사자의 상황을 지원하고 고려할 수 있는 상담도 더 많이 마련되어야 한다. 누구나 이해할 수 있는 정보를 어디서든 접할 수 있어야 하고, 이 정보는 통·번역, 수어, 그림 등 다양한 방법으로 제공되어야 한다. 장애인의 이동과 시설, 정보 이용을 고려한 서비스도 확대해야 한다.

임신중지는 어느 시기에 누군가 겪는 하나의 동떨어진 '사건'이 아니라 우리 사회의 수많은 삶의 조건들 속에서 이루어지는 일이기에, 누구라도 부당한 여건 속에서 성관계, 성 건강, 피임, 임신, 임신중지 등에 대한 중대한 결정을 침해받지 않도록 노동, 교육, 주거, 의료, 사회복지, 환경 등 모든 영역에서 더 평등하고 정의로운 사회를 만들어가는 일은 앞으로도 계속해서 함께 이뤄나가야 할 일이다.

프랑스와 한국, 그리고 세계 곳곳에서 '선택'을 옹호하고 '선택' 너머의 변화를 만들어가는 역사는 지금도 계속되고 있다.

낙태죄 폐지를 위한 연대의 이야기 **선택**

초판 1쇄 인쇄 2021년 4월 28일 **초판 1쇄 발행** 2021년 5월 6일

지은이 데지레 프라피에, 알랭 프라피에
옮긴이 이세진
펴낸이 이승현

스토리 독자 팀장 김소연
책임편집 이은정
공동편집 곽선희 김소연 김해지 최지인
디자인 조은덕

펴낸곳 ㈜위즈덤하우스 **출판등록** 2000년 5월 23일 제13-1071호
주소 경기도 고양시 일산동구 정발산로 43-20 센트럴프라자 6층
전화 031)936-4000 **팩스** 031)903-3893 **홈페이지** www.wisdomhouse.co.kr

ISBN 979-11-91583-39-7 03330